KB249460

**일제
강제 징용
수기**

사지를
넘어
귀향까지

일제 강제 징용 수기

사지를 넘어 귀향까지

초판1쇄	2016년 11월 20일
초판2쇄	2016년 12월 15일
지은이	이상업
기획	근로정신대 할머니와 함께하는 시민모임 · 전남일보
펴낸이	박성모
펴낸곳	소명출판
출판등록	제13-522호
주소	서울시 서초구 서초중앙로6길 15, 1층
전화	02-585-7840
팩스	02-585-7848
전자우편	somyungbooks@daum.net
홈페이지	somyong.co.kr

ISBN 979-11-5905-118-0 03910

값 10,000원
ⓒ 이상업, 2016

잘못된 책은 바꾸어드립니다.
이 책은 저작권법의 보호를 받는 저작물이므로 무단전재와 복제를 금하며,
이 책의 전부 또는 일부를 이용하려면 반드시 사전에 소명출판의 동의를 받아야 합니다.

사지를 넘어 귀향까지

|일제 강제 징용 수기|

이상업 지음
근로정신대 할머니와 함께하는 시민모임 · 전남일보 기획

소명출판

발간사

이국언
('근로정신대 할머니와 함께하는 시민모임' 상임대표)

일제로부터 광복을 맞은 지 어언 71년입니다. 학계에 따르면, 국내로 동원된 경우를 제외하더라도 일제강점기 징병, 군속, 학도병, 여자근로정신대, 일본군 '위안부', 포로감시원, 강제 징용 등의 이름으로 일본 · 중국 · 만주 · 태평양 · 동남아시아 등 해외 지역으로 동원된 규모만 100만 명이 훌쩍 넘습니다. 그러나 일본 정부는 아직까지 제대로 된 사죄와 배상을 하지 않고 있습니다. 오히려 명백한 강제동원 사실마저 왜곡하거나 부인하고 있는 안타까운 현실입니다.

그러는 사이 당시의 고통과 역사적 체험을 말해 줄 피해자들은 한 명, 두 명 유명을 달리하고 말았습니다. 그동안 일제 강제동원 피해자의 아픈 사연이 언론보도나 구술집 형태로 소개된 것은 드물지 않게 있었습니다. 그러나 이상업 어르신의 경우처럼 피해자 본인이 직접 쓴 체험 수기는 매우 귀한 편입니다.

이 수기는 1990년 『전남일보』가 광복 45주년을 맞아 공모한 일제 강제 징용 수기 공모전에서 입상한 작품으로, 그해 11월 1일부터 1991년 1월 21일까지 '사지死地를 넘어 월출산까지'라는 제목으로 56회에 걸쳐 지면에 소개된 바 있습니다.

이상업 어르신은 일제의 발악이 막바지에 이르던 1943년 11월경 열여섯 살 나이에 후쿠오카현에 위치한 미쓰비시광업(현 미쓰비시머트리얼) 소속 가미야마다上山田 탄광에 징용으로 끌려갔습니다. '황국신민의 영예로운 산업전사'는 일제의 허울 좋은 말일 뿐, 이상업 어르신은 그곳에서 허기진 배를 움켜쥐고 지하 1천 5백 미터 막장에서 하루 15시간의 중노동에 시달렸습니다.

연이은 동료의 죽음을 목격해야 했던 이상업 어르신은, 차라리 도망가다 잡혀 죽는 한이 있더라도 굴종의 삶을 이어갈 수 없다며 탈출을 결심합니다.

그러나 두 차례 탈출 시도는 번번이 실패하고 말았고, 그때마다 초주검이 되었습니다. 그러나 죽음과 절망의 공간에서도 인간으로 사는 삶에 대한 의지는 결코 꺾을 수 없었습니다. 결국 세 번째 시도 끝에 마침내 탈출에 성공해, 1945년 광복과 함께 구사일생으로 고향 전라남도 영암으로 돌아왔습니다.

이 수기에는 노예와 같이 취급받았던 징용 피해자들의 비참한 삶, 나라를 빼앗긴 식민지 민중으로서의 고통과 설움, 생사의 갈림길에서 느끼는 한 인간으로서의 본원적 욕구, 고향에 대한 절절한 그리움이 행간마다 잘 묻어 있습니다.

역사는 냉정히 말해 '기억투쟁'이라고 합니다. 일본의 역사 왜곡과 후안무치厚顔無恥가 계속될수록, 지난날 아프고 시린 기억과 정면으로 마주하는 노력이 더욱 필요합니다. 아니 어쩌면 일본을 탓하기에 앞서 '그저 지나간 일'쯤으로 가볍게 알고 있는 우리에게 더 필요한 일인지도 모릅니다.

그 시작은 당시의 역사적 체험과 피해자들의 기억을 수집해 기록과 영상으로 남기는 일입니다. 그러나 피해자의 경험과 기억이 이처럼 중요한 역사적·사회적 의미가 있는 일임에도 현실은 녹록지 않은 상황입니다. 아직 생존해 있는 피해자라고 하더라도 대부분 구십을 훌쩍 넘어 병마에 신음하고 있기 때문입니다.

'근로정신대 할머니와 함께하는 시민모임'과 『전남일보』는 피해자의 역사적 체험을 당사자의 기억으로만 머물게 할 수 없어, 이상업 어르신의 수기를 책으로 펴내게 됐습니다. 일본 제국주의 실상을 기억할 수 있는 세대마저 얼마 남아 있지 않은 이때, 아무쪼록 이 수기가 당시의 시대 상황을 살피는 데 귀한 역사적 자료가 되길 기대합니다.

끝으로 이 수기가 보다 많은 사람들에게 알려질 수 있도록 흔쾌히 출판을 허락해 주신 이상업 어르신께 감사드리며, 정성 들여 삽화까지 넣어 보기 좋은 책으로 만들어 주신 소명출판과 관계자 여러분께 거듭 감사드립니다.

"얘들아! 이 조국은 너희들의 것이다."

격정과 눈물로 쓴 이 책에서 이상업 어르신이 남긴 말씀이 더욱 묵직하게 다가오는 때입니다.

2016년 11월

차례

수기

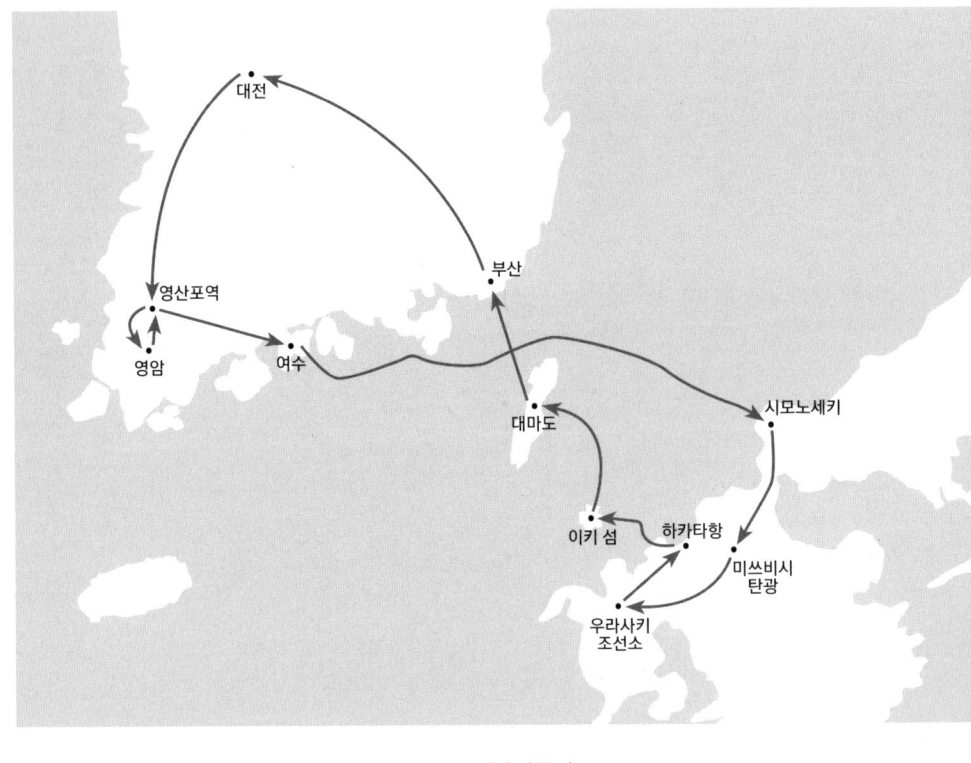

일본 징용에서 고향에 돌아오기까지 이상업 어르신의 이동 경로

영암 → 영산포역 → 여수 → 시모노세키 → 미쓰비시 탄광 → 우라사키 조선소 → 하카타항 → 이키 섬 →
대마도 → 부산 → 대전 → 영산포역 → 영암

16세 소년과 징용 영장

1

지난 6월(1990년 6월) 어느 날이었다. 교무실로 배달된 석간신문을 읽으며 나는 깊은 상념에 잠겨들었다. 사회면에 금지박하게 실린 '일제 강제 징용'에 관한 기사 때문이었다.

태평양전쟁이 끝나기 전인 1944년 11월, 일본이 왕이 거처할 궁성宮城과 내각 등 주요 기관을 옮겨 전쟁 지휘소로 사용하기 위해 건설한 죠잔象山 지하 '마쓰시로 대본영松代大本營' 공사에 강제로 동원됐던 한 한국인 노무자가 당시의 처참했던 한국인 징용자들의 생활상을 생생히 증언한 내용이었다. 죠잔 발파 작업에 강제 동원된 한국인 노무자들이 암반 발파 도중 사망하면 발파 작업으로 생긴 돌이나 흙과 함께 구르마리어카에 실어 하치장에 암매장했다는 내용과 함께 '굶주림과 엄중한 감시 속에 당시 1천여 명의 한국인 노무자들이 원귀가 되어 죽어갔다'는 생존 노무자의 증언은 참혹했다. 나도 모르게 치가 떨렸다. 그것은 다름아

닌 나 자신의 이야기이기 때문이었다.

1943년 가을, 그것은 내 인생의 악몽이었다. 그리고 16세의 어린 소년이 혼자서 짊어지기에는 너무나도 가혹한 형벌이었다.

그해 9월 말 무렵의 어느 아침, 동네 이장이 징용 영장을 가지고 왔다. '성전聖戰 완수를 위해 황국신민皇國臣民의 영예로운 산업전사'로 뽑혔다는 것이다. 맑은 하늘에 날벼락이었다. 16세 어린 소년에게 징용 영장이라니 어처구니 없는 일이었다.

영장을 받아든 나는 이장에게 거세게 항의했다. 당시 일제가 제정한 '징용령徵用令'에 따르면 만 17세 이상의 남자들만 노무자로 동원할 수 있었기 때문이었다.

그러나 이장은 막무가내였다. "한번 영장이 발부됐으니 나로서는 어쩔 수 없다"는 것이었다. 그 이장은 나의 먼 친척뻘 되는 사람이었다.

내 징용 소식을 안 집안은 난리가 났다. 당시 우리집은 7두락(7마지기)의 농사를 짓는 소농이었다. 가족은 할머니와 양친 부모, 그리고 네 명의 어린 동생이 있었다(누님 한 분은 3년 전 장흥으로 시집을 갔다).

더군다나 아버지는 병약한 체질이었기 때문에 장남인 내가 농사를 거의 도맡다시피 했다. 그런 내가 징용을 가야 한다니…… 눈앞이 깜깜했다.

아버지(이하우李夏雨, 당시 50세)는 자신이 대신 징용을 가겠다고 나섰다. "뼈도 안 굵은 어린 자식을 어떻게 징용에 내보낼 수가 있겠느냐"는 것이었다. 그러나 통할 리가 없었다.

11월 초, 마침내 징용의 날이 왔다. 이른 새벽부터 어머니(김길춘金吉村, 당시 45세)는 눈물로 밥을 짓고, 할머니(당시 70세)는 언제 돌아올지 모르는 어린 손자를 위해 정성껏 괴나리봇짐을 싸며 눈물을 떨궜다.

2

어머니께서 진수성찬으로 차려준 밥상이었지만 밥이 목으로 넘어가지 않았다. 몇 숟갈 뜨는 둥 마는 둥 하고 온 가족이 모여 함께 영암군청으로 갔다.

군청 뜰에는 벌써 50명가량의 내 또래들이 모여 있었다. 나처럼 영암군 일원에서 소집된 소년 징용부대였다.

얼마 후 군청 노무계 직원들이 나와서 우리를 정렬시킨 뒤, 피복과 함께 징용흉장徵用胸章을 나누어 주었다. '쓰메에리'라는 국방색 양복(국민복)으로 갈아입고, 가슴에는 징용흉장을 달았다.

이윽고 출정식이 시작되었다.

"위대한 황국의 청년 여러분, 제군들은 이제 황국의 충성스러운 신민으로서 동양 평화의 성전을 승리로 이끌기 위한 영예로운 산업 전사로 당당히 뽑혔다. 제군들이 곧 대일본이요, 대일본이 곧 제군들인 것이다. 제군들이 이제부터 내지內地(일본)로 가

쏟아낸 땀방울이야말로 거룩한 성전을 하루빨리 완수하는 값진 자원이 될 것이다."

한국인 군수의 치사는 사뭇 비장하기까지 했다. 눈물과 환호의 출정식을 마치고 우리들은 일렬로 늘어서서 트럭에 올랐다. 영산포역으로 가 기차를 타기 위해서였다. 당목에 '필승'이라고 쓰인 머리띠를 동여매고, 목이 터져라 군가를 불렀다.

노영의 노래露営の歌

갓데 구루조토 이사마시쿠~ (이기고 돌아온다고 용감하게)

지카아테 구니오 데타가라와~ (맹세해서 나라를 출발했으니)

데가라오 다테즈니 시나레요카 (공훈도 세우지 않고 죽을 수 있으랴)

신군랏빠 기쿠다비니~ (진군나팔 들을 때마다)

마부타니 우카부 하하노 가오~ (눈동자에 떠오르는 어머니의 얼굴)

영산포역에 도착해보니 우리 또래의 소년 부대 몇 무리가 먼저 와 있었다. 우리처럼 강진, 완도, 진도, 장흥, 나주 등지에서 징용되어 온 소년들이었다.

각 지역별로 점호를 마친 우리들은 잠시 후 유개화물열차(덮개가 있는 화물열차)에 올랐다. 당시 객차는 귀했을 뿐 아니라, 징용자들의 탈주를 막기 위해 창문이 없는 유개화물열차로 징용자들을 수송해간다는 사실을 나중에 알았다.

열차를 타고 여수까지 가는 동안 일부 철부지 소년들은 일본 말 군가와 유행가(한국말은 전혀 쓰지 못할 때이므로)를 연달아 부르며 즐거워했다. 난생 처음 타보는 기차인데다, 일본에 가면 배불리 먹을 수 있고, 돈도 많이 벌 수 있다는 노무계 직원들의 말을 철석같이 믿고 있었다.

여수역에 도착한 것은 이른 저녁 때쯤이었다. 거기에도 우리 같은 소년 부대들이 떼 지어 모여 있었다. 전남 각지에서 우리처럼 징용되어 온 아이들이었다. 각 지역별로 다시 점호를 마친 우리들은 열을 지어 역사驛舍 근처의 목욕탕으로 갔다. 목욕을 한 뒤 신체 검사를 받기 위해서였다. 각 지역별로 50명씩 들어가 목욕을 했다. 간단하게 몸을 씻는 정도였다.

그런 뒤 여수항 부두에 다시 모여 신체 검사를 받았다. 일본 군의관이 질병이나 전염병만 대충 살펴보는 형식적인 신체 검사였다.

3

석양녘, 저녁으로 주먹밥 한 덩이씩을 받아 먹은 우리는 화물선에 올라탔다. 교실 세 칸 크기만 한 거대한 배였다.

긴 뱃고동이 울리고, 800여 명의 소년 징용 부대를 태운 화물선은 어둑어둑해지는 여수항을 서서히 빠져나가기 시작했다.

"아, 마침내 고국을 떠나가는구나. 이제 가면 언제쯤 돌아오려나……."

멀어져 가는 고국산천을 말없이 바라보다 문득 집 생각이 났다. 부모, 형제, 할머님, 고향집 툇마루, 그리고 월출산月出山……. 아침에 이별한 고향집 정경들이 삽화처럼 눈앞에 펼쳐졌다.

할 수만 있다면 이 운명을 거역하고 싶었다. 바다에 투신이라도 하고 싶었다. 그러나 내가 여기서 죽는다면? 안 될 말이다. 기필코 나는 다시 돌아와야 한다. 돌아와서 16년 동안 내 오줌때 묻은 고향집 정경들을 꼭 다시 만나야 한다. 그리고 나는 '황국皇國의 영예로운 산업전사(?)'로 당당히 뽑힌 몸이 아니던가.

내 눈시울엔 뜨거운 이슬이 방울방울 맺혔고, 무심한 갈매기 울음소리는 더욱 나지막하게 간장을 파고들었다.

11월의 바닷바람은 몹시 차가웠다. 지역 부대별로 선실에 웅크리고 앉은 우리들은 한동안 쥐 죽은 듯 고요했다. 서로 낯설고 어색한데다, 무슨 일을 할 줄도 모른 채 억지로 일본에 끌려가고 있다는 불안감에 사로잡힌 탓이었다.

그러나 우리들은 역시 아직 어린 철부지들이었다. 낯설고 어색하고 불안한 것도 잠시뿐, 어느 정도 시간이 흐르자 우리는 자연스레 말동무가 되어 갔고, 선실은 차츰 떠들썩해지기 시작했다.

어떤 아이는 일본에서 큰돈을 벌어 돌아와 장가를 들기로 했다면서 두고 온 약혼녀 이야기를 자랑삼아 얘기했고, 또 어떤 아이는 이왕 일본에 간 김에 거기서 공부를 많이 해 출세하겠노라고 다짐하기도 했다.

그때 갑자기 장흥에서 왔다는 어느 소년 하나가 "우리가 이럴 것이 아니라 오락을 하며 가자"고 제안하고 나섰다. 야무지게 생긴 소년이었다.

그렇게 해서 벌어진 즉석 선실 오락회는 꽤나 재미있었다. 장흥 소년의 지시에 따라 우리는 군가를 부르고 유행가를 합창했다. 또 각 지역별로 대표가 나와 장기자랑을 했다.

진도에서 온 어떤 소년은 약장수 흉내를 멋들어지게 해 우리를 즐겁게 했다. 또 장성에서 왔다는 어느 아이는 자신은 3대 독자인데 징용 영장을 받자마자 부랴부랴 서둘러 결혼하고 왔다며, 신혼 첫날밤의 이야기를 눈물까지 글썽이며 만담으로 엮어내 우리들을 웃겼다.

그렇게 한두 시간이 지났을 때였다. 뱃전에서 '꽝!' 하는 소리와 함께 배가 크게 기울었다.

4

배가 하늘로 치솟았다가 갑자기 땅으로 꺼지는가 싶더니 여기저기서 토악질을 해대기 시작했다.

그때 일본인 선원 한 명이 상기된 얼굴로 달려와 "공습이다! 모두 불을 꺼라"라고 소리쳤다.

갑작스러운 사태에 얼이 빠진 우리들은 칠흑 같은 어둠속에 몸을 도사리고 있었다. 그런데 배 뒤쪽에서 재차 '꽝!' 하는 폭음과 함께 하늘이 깨지는 듯한 소리가 들리며 배가 옆으로 기울어지기 시작했다.

"아이고 죽었구나"

"어머니⋯⋯"

"오메⋯⋯."

여기저기서 비명과 아우성이 터져 나왔다. 그대로 있다가는 물귀신이 되겠다는 생각에 우리는 한꺼번에 창문쪽으로 몰려갔다. 그러나 일본인 선원들은 문을 꼭 걸어 잠근 채, "침착하라. 밖으로 나가면 다 죽는다. 모두 구명복을 찾아 입어라"며 악을 썼다.

미군의 공습이었던 것이다. 우리는 부랴부랴 구명복을 찾아 입기 시작했다. 평소 동작이 빠르지 못한 나는 그나마 구명복도 입지 못한 채 공포감에 휩싸여 아이들 틈에 끼어 있었다.

얼마나 시간이 지났을까. 사방이 갑자기 고요해졌다. 미군의 공습이 끝난 것이었다.

한참 후 다시 불이 켜지자 모두들 넋 나간 표정을 하고 있었고 여기저기 오물로 어지럽혀져 구역질이 날 지경이었다. 폭격으로 배가 심하게 요동치는 바람에 토해낸 오물들이었다. 몇몇 아이들은 아예 창백해진 얼굴로 선실 바닥에 혼절해 있었다.

다행히 배에 큰 피해는 없었던 모양이다. 일본인 선원들의 지시로 우리는 오물을 치우고 자리를 정돈했다. 선창船窓을 활짝 열었지만 악취는 좀처럼 가시지 않았다.

갑판에서는 일본인 선원들이 고함을 지르며 이리저리 뛰어다녔고, 잠시 후 배는 다시 현해탄(玄海灘, 대한 해협의 남쪽과 일본 규슈九州 사이에 있는 바다)을 항진하기 시작했다.

한바탕 난리를 치르고 난 우리는 자리를 수습한 뒤 서로 잠을 청했다. 모두들 지칠 대로 지쳐 있었지만, 한번 크게 놀란 뒤여서인지 좀처럼 잠을 이루지 못하는 모습들이었다.

그러다 깜빡 잠들었는가 싶었는데, 눈을 떠보니 아침이었다. 수평선에 깔린 아침노을이 퍽 붉었다.

감시를 하고 있는 일본인 선원에게 "여기가 어디쯤 되느냐"고 물었더니, "아직 멀었어"라는 짧은 대답만 돌아왔다.

몸은 춥고 배는 고팠다. 목적지까지는 얼마나 남았을까. 지금쯤 우리집에서는 아침밥을 먹고 있을 거라는 생각에 이르자 갑자기 눈물이 핑 돌았다. 일찍 눈 뜬 아이들이 여기저기서 귓속말로 소곤대고 있었다. 무슨 말들을 하고 있는 것일까. 나처럼 집 생각을 하고 있는 것일까. 그러나 그들의 표정도 역시 밝을 수는 없었다.

5

아침 새참녘이 되었을 무렵이었다. 건장하게 생긴 일본인 선원 한 명이 나타나 "모두 기상!" 하고 소리쳤다.

우리는 부스스 몸을 털며 일어나 앉았다.

"모두 소지품을 챙겨라. 목적지에 거의 다 왔다."

선창 밖으로 멀리 항구가 내다 보였다. 시모노세키下關였다.

차례로 하선한 우리들은 부두 양옆으로 일렬로 늘어서서 10명씩 소지품 검사를 받았다. 소지품이라야 겉옷과 내복 등 간단한 것뿐인데도 일본인들은 날카로운 표정을 하고 봇짐들을 꼼꼼히 조사했다. 나중에 들은 말로는 그 일본인들은 경찰이고, 우리가 혹시 아편이나 무기 등을 가지고 오지 않았나 해서 수색한 것이라고 했다.

소지품 검사를 마친 후 아침 겸 점심으로 다시 주먹밥 한 덩이씩을 받아 먹었다. 쌀과 보리쌀 따위를 섞어 만든 잡곡 주먹밥이었는데, 삼각형으로 뭉쳐진 묘하게 생긴 주먹밥이었다.

'다꾸앙단무지' 한 쪽을 반찬 삼아 우리는 주먹밥을 마파람에게 눈 감추듯 먹어치웠다. 몹시 허기진 탓이었다. 한창 먹을 나이인데도 어제 오후 이른 저녁밥으로 주먹밥 한 덩이를 먹은 뒤 열대여섯 시간 동안 아무것도 먹지 못하고 줄곧 배를 타고 왔으니 얼마나 배가 고팠겠는가.

겨우 주먹밥으로 요기를 한 우리들은 그러나 쉴 틈도 없이 다시 열차를 타야 했다. 우리가 일할 최종 목적지로 가기 위해서였다.

시모노세키의 초겨울 바람은 견디기 어려울 정도로 매서웠다. 내복을 껴입고 국민복 옷깃을 단단히 여며 맸어도 찬바람은 뼛속까지 파고들었다. 살인바람이었다.

찬바람에 뻣뻣이 얼어붙은 우리는 허둥지둥 화물 열차에 올라 탔다. 유개화물열차였다. 일본 본토에서도 역시 징용자 수송에는 유개화물열차를 이용하고 있었던 것이다.

창문이 없는 유개화물열차는 일본 본토에서 일석삼조—石三鳥의 효과를 챙기고 있었다. 첫째는 앞서 잠시 말했듯이 징용자들의 탈주를 최대한 막을 수 있기 때문이다. 둘째는 한꺼번에 많은 인원을 수송할 수 있다는 것, 셋째는 일본 본토에서 진행되고 있는 각종 군 공사工事의 기밀을 최대한 유지할 수 있기 때문이었다.

화물차 안은 그야말로 냉동실이었다. 그러나 바깥 바람을 맞는 것보다는 훨씬 따뜻하고 포근한 편이었다. 우리는 서로가 등을 맞대고 앉아 추위에 맞섰다. 이런 강추위라면 설령 탈출이 쉽다고 해도 엄두를 못 낼 일이었다.

화물열차임에도 열차는 엄청난 속도로 달렸는데, 그것만으로도 일본이 강대국으로서 우리나라보다 산업 발전이 월등히 앞서 있다는 강렬한 인상을 받았다. 긴 터널을 지나 열차는 쉼없이 달렸다. 나중에 알았지만 그 터널은 일본에서도 꽤 유명한 '간몬關門'터널이었다.

검은 탄광촌

6

몇 시간 동안 열차를 탄 끝에 우리가 다다른 곳은 후쿠오카 현福岡縣 가미야마다 미쓰비시 탄광上山田 三菱炭鑛이었다.

어스름녘 우리 눈에 비친 가미야마다 미쓰비시 탄광촌(후쿠오카현 야마다시山田市, 현재의 가마시嘉麻市에 위치)은 온통 검은색이었다. 사람도 검고 집도 검고 거리도 검은 암흑의 산간 마을이었다.

열차에서 내린 우리들은 '공고료金剛療'라는 현판이 붙은 막사 앞으로 갔다. 2층으로 된 목조 건물이었다. 앞으로 우리가 머무르게 될 노무자 합숙소라고 했다.

간단히 점호를 끝내고 우리는 1층에 있는 사무실을 거쳐 2층으로 올라갔다. 그곳에 노무자 합숙소가 있었다.

합숙소는 한가운데 나무 복도가 있고, 복도 양편으로 군대식 내무반처럼 방이 배치돼 있었다.

1층에는 사무실과 식당, 목욕실, 연장실, 창고 등이 있고, 노무자들은 주로 2층에서 잠자고 생활하고 있었다.

1분대, 2분대 등 군대식으로 나뉘어 방을 배치 받은 우리는 반장의 지시에 따라 재빨리 짐을 풀었다. 1개 분대는 20명으로 구성되었다. 이제부터 우리 20명이 한 식구가 되어 함께 일하고 잠자고 생활하게 된 것이다.

반장들의 말투는 꽤나 거칠었다. 말끝마다 욕에다가, 지시하는 것마다 쇳소리가 났다. 우리를 대하고 다루는 모양새가 지금까지와는 전혀 딴판이었다.

나중에 안 일이지만 반장들은 모두 한국인이었다. 우리처럼 강제로 징용되어 온 한국인 노무자들 중에서 말도 잘 듣고, 주먹깨나 쓰고, 덩치 좋은 이들을 골라 일본인 감독들이 반상으로 뽑은 자들이었다.

노무자들은 한국인 반장들을 '왜인倭人 앞잡이'라고 불렀는데, 노무자들에게 그렇게 독살스러울 수가 없었다. 잠시만 한눈을 팔아도 귀싸대기를 올려붙였으며, 동작이 굼뜨면 여지없이 목도木刀가 날아왔다. 같은 민족을 그렇게 잔인하게 대할 수가 있을까 싶었다.

한번은 동작이 다소 굼뜬 내가 한국인 반장에게 어깻죽지를 얻어맞고 눈물을 흘리고 있자, 한 선참 노무자가 "저놈들 사실은 불쌍한 녀석들"이라며, "저놈들도 그러지 않으면 제 보신을 못하기 때문에 어쩔 수 없이 그러는 것"이라고 내 어깨를 다독여주기도 했다.

호랑이 같은 반장들의 지시에 따라 여장을 푼 우리는 다시
1층으로 내려왔다.

간단히 세수를 하고 난 후에는 식당으로 안내되었다. 식당은
꽤 넓었지만 우중충한 분위기였다. 여남은 명의 아주머니들이
배식을 하고 있었다.

7

김이 모락모락 나는 흰 쌀죽을 받아 든 우리는 혓바닥이 데
는 줄도 모르고 허겁지겁 쌀죽을 들이켰다. 이틀 만에 처음 맛보
는 '뜨거운 것'이었다. 급히 먹다 보니 뜨거운 쌀죽이 목구멍에
걸려 여기저기서 캑캑거리는 소리도 들려왔다.

쌀죽 한 그릇으로 얼어붙었던 몸이 풀리는 것 같았고 그제야
살 것 같았다. 비록 다구앙 한 쪽에 희멀건 쌀죽이지만 그 순간
만은 세상에서 가장 요긴하고 맛있는 성찬이었던 것이다.

미쓰비시의 첫날밤은 그렇게 깊어갔다. 밤 10시쯤 침상에 누
웠지만 도무지 잠이 오질 않았다. 앞으로의 생활에 대한 궁금증
과 불안감, 설움이 한꺼번에 복받쳐 오른 탓이었다.

문득 어린 시절이 생각났다. 다섯 살인가 여섯 살 무렵, 어머
니를 따라 외가에 간 적이 있었다. 외할아버지 제삿날이었던가
보다.

초저녁에 깜빡 잠들었다 깨어나 보니 집안이 온통 조용했다. 벌써 제사가 끝나고 일가친척들이 모두 돌아간 모양이었다. 나는 더럭 겁이 났다. 방안을 휘 둘러보니 옆에 외할머니가 잠들어 계셨다. 외할머니를 흔들어 깨웠다.

"외할메, 외할메. 어메 어디 갔어."

외할머니는 지그시 눈을 뜨고 "느그 어메 폴세('벌써'를 의미하는 전라도 말) 집에 갔다. 내 옆에서 자거라" 하시고는 이내 다시 눈을 감으셨다.

우리집과 외갓집은 마을 하나 사이였다. 나는 도무지 잠을 이룰 수가 없었다. 나를 두고 그냥 간 어머니가 너무나 밉고 야속했다. 나는 훌쩍이기 시작했다. 내가 한참 동안 울음을 그치지 않자 그제서야 외할머니께서 일어나 앉으셨다.

"애야, 왜 우냐."

"어메한테 데려다 줘."

"할메하고 같이 자고 낼 아침에 가면 되잖냐."

"싫어. 어메랑 같이 자고 싶어."

외할머니께서 한참을 달랬지만 도무지 내가 말을 듣지 않자 외할머니는 할 수 없다는 듯 '끙—' 하고 자리에서 일어섰다.

외할머니 등에 업혀 그날 밤 나는 집으로 돌아왔다. 외할머니가 나를 등에 업고 걸으며 내게 하신 말씀이 지금도 생각이 난다.

"인석아, 니가 커서 뭣이 될래."

외할머니와 함께 한밤중에 집으로 돌아오자 어머니 아버지는 깜짝 놀라 깨어나셨다.

"오메―, 이놈아. 이 밤중에 무슨 일이냐."

나는 다짜고짜 어머니 품안으로 뛰어들어서는 까닭 모를 설움에 북받쳐서 서럽게 울었다.

그날 밤 외할머니는 우리 집에서 주무시고 가셨다.

8

탄광촌의 아침은 일찍 시작되었다.

이튿날 새벽 6시쯤 기상한 우리들은 서둘러 이불을 개켰다. 그리고 막사 앞으로 모였다. 일조점호―朝點呼를 받기 위해서였다.

각 분대별로 반장들이 인원 점검을 했다. 그런 뒤 우리들은 합숙소 한쪽에 붙어 있는 조그만 사당으로 안내되었다. 신사神社였다. 선참 노무자들이 "여기서는 날마다 아침 점호와 함께 신사 참배를 해야 된다"고 일러주었다.

사당 안은 비좁았다. 그러나 일본 황실의 조상신을 모셔놓은 불단佛壇은 퍽 깨끗했다. 노무자들이 교대로 당번을 정해 매일 아침 그곳을 닦고 청소한다고 했다.

일본인 감독의 명령에 따라 우리는 불단 앞에서 배례(拜禮, 머리 숙여 절하는 예)를 했다. 그리고 '텐노헤이카 반자이(천황폐하만

세)'를 세 차례 외쳤다. 일본 황실에 대한 충성심의 표시였다. 완전히 일본 군대와 다름없었다.

신사참배를 마친 우리는 각 분대별로 흩어져 합숙소 주변을 청소했다. 우리 분대가 맡은 구역은 창고 부근이었다.

빗자루를 찾아 들고 창고 모퉁이를 돌아갈 때였다. 뒤쪽에서 갑자기 '컹— 컹—' 개 짖는 소리가 들렸다. 뒤돌아보니 한 노무자 앞에 서너 마리의 개가 몰려들어 무섭게 으르렁거리고 있었다. 철조망 부근이었다. 한 신참 노무자가 청소를 하기 위해 멋모르고 철조망 가까이 다가서자 송아지만한 개들이 우르르 달려와 사납게 짖어대고 있었던 것이다. 보기만 해도 무시무시한 셰퍼드였다.

혼쭐이 난 그 신참 노무자는 질겁해서 뒤로 물러섰다. 그의 얼굴은 창백하다 못해 시퍼렇게 질려 있었다.

합숙소 주위는 철조망이 둘러쳐 있었다. 2~3미터 높이로 둘러친 철조망은 무척 튼튼해 보였다. 웬만해서는 뛰어넘거나 뚫고나갈 수 없도록 이중으로 설치되어 있었다. 노무자 탈주 방지용 철조망이었다.

그리고 철조망 주변에는 24시간 계속해서 셰퍼드들이 지키고 있었다. 잘 훈련된 군견용 셰퍼드였다. 우리가 오기 한 달쯤 전에 한 노무자가 탈출을 하다 그 셰퍼드 떼에 물려 처참하게 죽은 적이 있다고 했다.

그 노무자는 황해도 사람이었다고 했다. 고된 노동과 배고픔을 이기지 못해 한밤중 철조망을 넘어가다 그만 셰퍼드 떼에 발각돼 처참하게 물려 죽었다는 것이다.

탄광촌에서 사람 목숨은 파리만도 못하다고 했다. 사고나 징벌을 당해 죽거나 혹은 자살을 하면 서류에 병사病死로 기록될 뿐, 그것으로 그만이라는 것이다.

고참 노무자들이 들려주는 이야기는 하나같이 참혹한 것뿐이었다. 우리는 오직 '일밖에 모르는 짐승'이길 강요당할 뿐이라고 했다.

9

그날부터 우리들은 교육에 들어갔다. 현장실습 교육이었다. 일본인 감독들이 교대로 온종일 가르쳤다.

교육 내용은 주로 탄炭을 캐는 일이었다. 막장에서 탄맥炭脈을 찾는 방법, 굴착기 사용법, 탄차炭車를 운반하는 요령, 구조 및 안전사고 등에 대해 일본인 감독들이 실습을 곁들여 자세히 가르쳤다.

교육은 3일 동안 계속됐다. 그리고 교육 마지막 날 일본 군의관들이 와서 신체 검사를 다시 했다. 건강 상태에 맞게 현장에 배치하기 위해서라고 했다.

그러나 그 신체 검사도 역시 지극히 형식적인 것에 불과했다.

일본 군의관들이 우리를 일렬로 세워놓고 그저 육안으로 체력이 강해 보이는지 허약해 보이는지를 살펴보는 것이었다.

우리들은 대부분 건강 양호로 판정받았다. 건강 양호로 판정받은 노무자는 모두 채탄부(採炭夫, 탄을 직접 캐내는 일을 하는 사람)로 일해야 한다고 했다.

그러나 도저히 탄을 캘 수 없을 만큼 허약해 보이거나, 얼굴에 병색이 완연한 사람은 선탄부(選炭夫, 캐낸 석탄 가운데에서 불순물이나 질이 나쁜 것을 가려내는 일을 하는 사람)로 배치되었다.

어처구니없는 것은 소아마비 환자도 채탄부로 배치된 것이었다. 함평에서 온 한 소년이 그랬다.

그 아이는 두 살인가 세 살 때 소아마비를 앓아 한쪽 다리를 얼마쯤 전다고 했다. 그러나 체력만큼은 건강하게 생겼다. 그래서 채탄부로 배치된 것이었다. 무지한 놈들이었다.

4일째 되던 날, 마침내 우리는 현장에 투입됐다.

새벽 6시쯤 어김없이 일어난 우리들은 점호와 신사참배를 마친 뒤, 서둘러 아침밥을 먹었다.

아침밥은 역시 흰 쌀죽이었다. 고참 노무자들이 "이곳에서는 매일 아침밥과 저녁밥으로 쌀죽을 먹는다"고 했다.

한 사람에게 배당되는 쌀죽은 '자완茶宛'이라는 공기로 세 그릇씩이었다. 그러나 몇 순갈 뜨면 금방 바닥이 보일 정도의 양밖에 되지 않았다.

아침 저녁으로 날마다 쌀죽을 주는 것은 태평양 전쟁이 장기

화됨에 따라 물자가 달리는 데다 식량마저 턱없이 부족해졌기 때문이라고 했다.

그러나 점심은 쌀과 보리쌀 등이 섞인 마른 잡곡밥이었다. 도시락에 싸 가지고 가 갱내에서 먹어야 하기 때문에 하는 수 없이 마른 밥을 준다는 것이었다.

아침밥을 먹은 우리들은 막사 앞에 모였다. 현장 투입식을 한다는 것이었다.

생쥐처럼 작고 땅딸막하게 생긴 일본인이 연단에 올라섰다. 총감독이었다.

일본인 총감독은 날카로운 눈빛으로 우리들을 한번 휩쓸어 보았다. 그리고 연설을 시작했다.

"제군들, 제군들은 이제부터 현장에 투입된다. 말하자면 제군들은 오늘부터 대일본제국의 용맹스러운 산업 전사로서 전투에 직접 참가하게 된 것이다……."

10

일본인 총감독의 투입식 연설은 매우 격정적이었다.

그러나 우리들의 표정은 모두 딱딱하게 굳어 있었다. 이제부터는 그야말로 말로만 듣던 죽음의 땅 속에서 짐승처럼 탄을 캐내야 한다는 사실이 무겁게 가슴을 짓눌렀기 때문이었다.

총감독의 연설은 계속됐다.

"제군들의 어깨에 조국(일본)의 운명이 달려 있다. 즉, 오늘부터 제군들이 캐내는 석탄 한 삽 한 삽이 곧바로 소중한 전쟁 자원이 된다는 말이다.

제군들은 명심해라. 제군들이 쏟는 땀방울이 곧 동양 평화의 성전聖戰을 승리로 이끄는 값진 자원임을……. 모두 열심히 탄을 캐주기 바란다."

총감독의 연설이 끝나자 우리들은 일장기日章旗를 향해 '텐노헤이카 반자이'를 세 차례 외쳤다. 그리고 군가를 불렀다.

식을 마친 우리들은 니켈 '벤토(도시락)'를 하나씩 지급받았다.

현장인 갱내에서 먹을 점심밥이었다. 현장은 합숙소에서 삼사백 미터쯤 떨어져 있었다.

반장들이 우리를 각 분대별로 인솔해갔다.

현장까지 가는 동안 우리들은 줄곧 군가를 부르고, '번호 붙여 가'를 했다. 발이 틀리면 여지없이 반장들의 욕설이 뒤따랐다.

갱구坑口에 도착하자 현장 감독들이 우리를 마중했다. 험상궂게 생긴 자들이었다. 반장들이 우리를 그들에게 인계했다.

현장 감독들은 모두 일본인이었다.

미쓰비시 탄광에는 한국인 노무자뿐만 아니라 일본인 노무자도 상당히 많았다. 그러나 일본인 노무자와 한국인 노무자의 생활은 전혀 달랐다.

일본인 노무자들은 대부분 죄수들이었다. 살인을 하거나 강도, 강간, 상해 등 범죄를 저지른 일본인을 강제로 끌어다 일을 시키고 있는 것이었다.

그러나 대우는 전혀 달랐다. 죄수들임에도 불구하고 일본인 노무자들은 대부분 선탄부로 배치되거나 발파 작업 등 쉬운 일만 했다. 막장에서 일하는 채탄부는 거의 없었다.

현장 감독들은 바로 그 일본인 죄수들 중에서 골라 뽑은 자들이었다. 노무자로 끌려온 일본인 죄수 가운데서도 가장 흉악스러운 살인범들만을 골라 뽑은 것이다.

일본인 노무자들은 합숙소 생활도 달랐다.

일본인 노무자들의 합숙소는 한국인 노무자 합숙소와 따로 떨어져 있었다. 그들만이 사용하는 전용 식당이 따로 있었고, 아침 점호 시간에 청소하는 일도 거의 없었다. 하루 작업만 끝나면 그들은 퍽 자유스럽게 사는 편이었다.

한국인과 일본인. 처음으로 나는 거기서 인종 차별의 쓰디쓴 비애를 맛보았다. 아니 나라 잃은 설움을 뼈저리게 느꼈다.

11

갱구 앞에도 사무실이 있었다. 현장 사무실이었다.

현장 감독들이 우리들의 수효를 일일이 셌다. 그리고 새까만 작업복과 장화, 전조등이 부착된 헬멧과 장화를 신겼다.

헬멧과 작업복으로 갈아입은 우리들의 모습은 마치 까만 딱정벌레 같았다. 서로 낯선 모습에 우리들은 잠시 실소를 하기도 했다. 그러나 그렇게 해서 우리는 마침내 광부가 된 것이었다. '황국신민의 영예로운 산업전사'가 된 것이었다.

우리는 다시 갱구 앞에 모였다. 그리고 삽과 곡괭이 등을 지급받았다. 막장에서 쓸 연장이었다.

나는 갑자기 가슴이 두근댔다. 이제부터 석탄을 캐러 저 굴 속으로 들어가야 한다. 저 굴 속은 어떻게 생겼을까, 막장은 얼마나 깊은 곳에 있을까, 거기서도 사람이 숨 쉴 수가 있을까, 가장 힘들고 위험한 일이 석탄 캐는 일이라던데……. 난생 처음 보는 탄갱이 무척 신기하게 여겨지기도 했지만, 한편으로는 두려움과 막막함이 앞서기도 한 탓이었다.

갱 입구 판자때기에 '갱내에서의 주의사항과 안전수칙'이 쓰여 있었다. 현장 감독들의 명령에 따라 우리들은 그것을 소리 내어 한번 외웠다. 그리고 갱도坑道로 들어섰다. 드디어 현장투입이 시작되었다.

갱 입구에 들어서자마자 매캐한 화약 냄새가 코를 찔렀다.

갱도는 경사면으로 돼 있었다. 바닥 위에는 레일이 깔려 있고, 그 위에 인차人車가 있었다.

우리는 열 명씩 짝을 지어 그 인차에 올라탔다.

인차는 광차鑛車(=탄차)와 똑같이 생겼다. 다만 노무자들이 막장에 들어가고 나올 때만 사용하는 것이 광차와 달랐다.

우리들을 태운 인차는 비스듬히 경사진 레일을 따라 무서운 속도로 달려 나갔다. 초속 3~4m는 돼 보였다.

　한 4~5분쯤 그렇게 달려가자 양쪽에서 갑자기 후끈한 열기가 치솟아 오르며, 개미집처럼 생긴 곳이 나타났다. 막장으로 가는 갈림턱이었다.

　거기서부터 우리는 인차에서 내려 걸어가기 시작했다.

　장화를 신은 발바닥이 질컥거렸다. 탄과 물이 반죽돼 밑바닥에 고인 탓이었다. 공기도 무척 탁해졌다. 30m 간격으로 갱도 양쪽에 켜진 보안등 불빛을 따라 살펴보니 탄가루와 돌가루, 화약 연기가 안개처럼 뿌옇게 깔려 있었다.

　거기서부터 갱도가 복잡하게 얽혀 있었다. 미로처럼 사방팔방으로 굴이 뚫려 있었던 것이다.

　한번 길을 잃으면 도저히 찾아 나올 수가 없을 것 같았다. 그 많은 땅굴을 누가 다 파놓았는지, 의아스러웠다.

12

　갱도는 점점 좁아졌다. 광차 한 대와 그 옆으로 사람 한 명이 겨우 빠져나갈 정도밖에 되지 않았다.

　나는 문득 겁이 났다. 여기가 지하 얼마쯤인지, 우리가 얼마나 깊이 들어왔는지, 여기서 혹시나 죽는 것은 아닌지…….

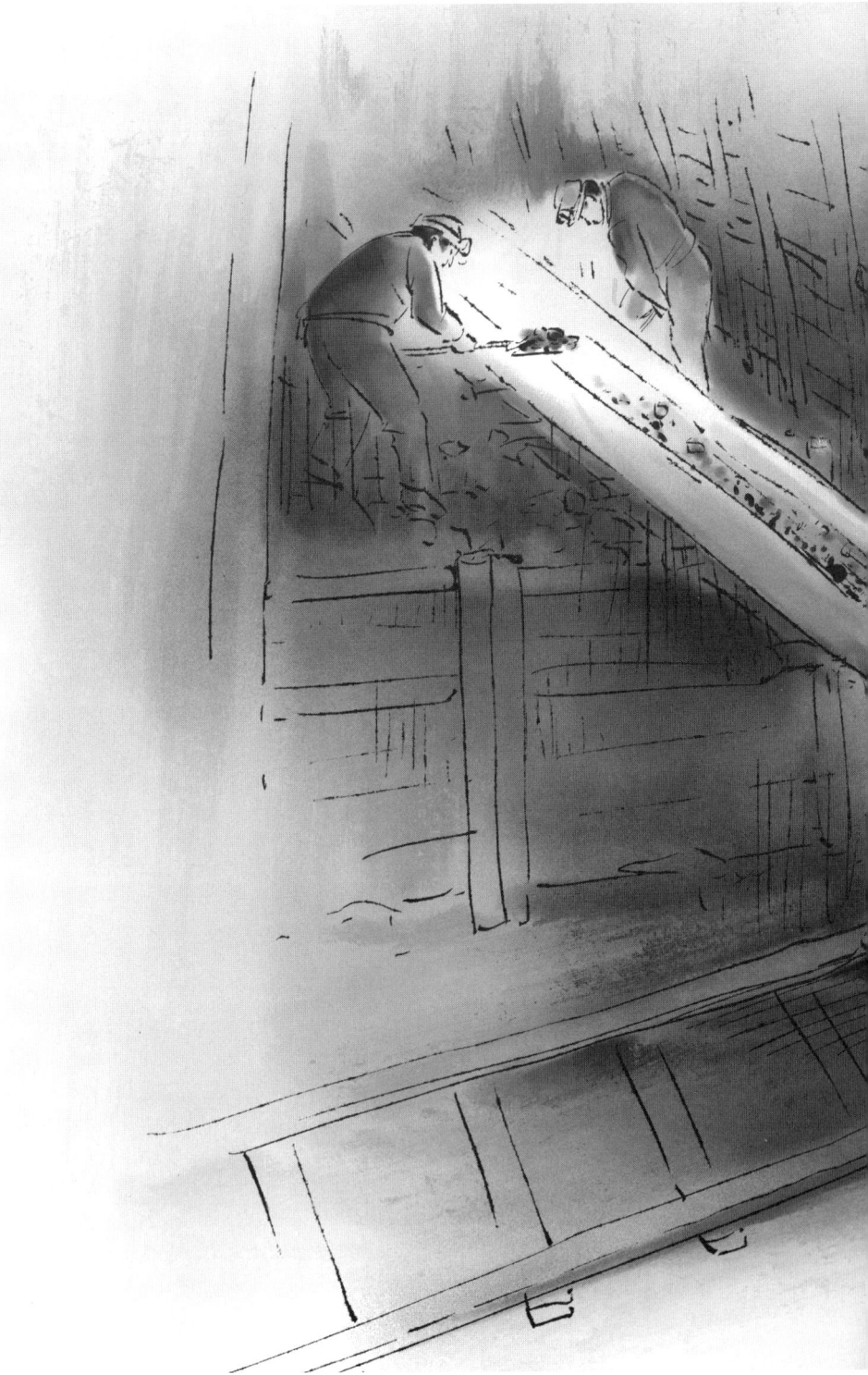

갱목으로 삐죽삐죽 괴어놓은 천장이 금방이라도 무너져버릴 것만 같았다. 숨이 꽉 막혀 질식이라도 할 것 같았다.

다른 아이들도 나와 생각이 비슷한 모양이었다. 모두들 긴장한 기색이 역력했다. 심지어 어떤 아이는 입술까지 부들부들 떨고 있었다.

갈림 턱에서 약 50여 미터 더 들어갔다 싶을 때 방 같은 공간이 나타났다. 막장이었다.

거기서 우리는 다시 탄가루에 푹 파묻히다시피 하며 사다리를 타고 올라갔다. 10여 미터 높이쯤 되는 경사진 곳이었다. 거기가 바로 우리가 일할 최후의 채탄막장이었다.

우리들은 벌써 땀으로 목욕하고 있었다. 가만히 서 있어도 등골로 땀이 줄줄 흘러내렸던 것이다. 땅 밑에서 뜨거운 훈김이 끊임없이 달아오른 탓이었다.

감독들의 명령에 따라 우리는 2인 1조가 되어 탄을 캐기 시작했다. 나와 짝이 된 아이는 다행히도 나랑 고향이 같은 소년이었다. 영암 구림 아이였다.

한 사람이 곡괭이질을 하면 다른 한 사람은 삽으로 석탄을 퍼 광차에 실었다. 광차에 석탄이 가득 차면 둘이서 그 광차를 밀어 밖으로 운반했다. 곡괭이질을 할 때마다 숨이 차오르고 목구멍이 매캐했다. 콧구멍도 콱콱 막혔다. 지열地熱과 분진粉塵 때문이었다.

잠시도 허리를 펼 수 없었다. 감독들이 뒤에서 감시를 하고 있었기 때문이었다. 곡괭이질을 잠깐이라도 멈추면 감독들의 곡괭이자루가 춤을 추었다.

"굼벵이 같은 조센진 놈의 새끼들! 일을 그렇게밖에 하지 못하겠어!"

지독한 욕설과 함께 감독들의 곡괭이 자루가 사정없이 등줄기를 후려팼던 것이다.

구림 아이와 나는 번갈아가며 정신없이 곡괭이질과 삽질을 해댔다. 허리가 끊어질 것 같았다. 팔뚝이 달아날 것만 같았다.

오줌이 마려워도 오줌을 눌 수가 없었다. 아니 한나절이 다 지나가도록 오줌 마려운 것조차 잊어버린 탓이었다.

그러나 나중에 보니 아랫도리가 척척했다. 일하면서 나도 모르게 바지에 그대로 오줌을 싸 버린 것이었다.

우리들의 지옥 같은 막장 생활은 그렇게 시작되었다.

죽음의 미쓰비시 탄광

13

막장 생활은 글자 그대로 지옥이었다.

아침밥을 먹고 현장에 투입되면 점심때까지 한 번도 쉬지 않고 석탄을 캐야 했다. 오후에는 밤 9시까지 석탄을 캤다. 하루 열여섯 시간의 중노동이 계속됐던 것이다.

막장에서 쉬는 시간은 딱 한 번 있었다. 점심 시간이었다. 그러나 그것도 30분밖에 되지 않았다.

30분간의 점심 시간은 밥 먹고 소화시키기에도 바쁜 시간이었다. 그러나 그 30분은 천금 같은 시간이었다. 이 세상 그 무엇과도 바꿀 수 없는 목숨 같은 시간이었다.

점심 시간을 알리는 신호와 함께 우리들은 재빨리 도시락을 푼다. 그런 뒤 도시락밥을 대여섯 등분으로 나눈다. 두부처럼 등분된 그 밥 위에 단무지 한쪽을 얹어 한입씩에 먹어 치운다. 그 시간이 불과 3분. 그리고 수통의 물을 몇 모금 마신다. 그러면 점심 끝.

마파람에 게 눈 감추듯 점심밥을 먹어 치운 우리는 곧바로 곡괭이나 삽자루를 베개 삼아 막장에 드러눕는다. 그리고 이내 곧 눈을 감는다. 바서질 것 같던 몸이 사르르 풀린다. 채 5분도 안 되어 여기저기서 벌써 코고는 소리가 들린다.

그러나 그 점심 시간은 짧아도 너무 짧았다. 눈을 감았는가 싶었는데 벌써부터 감독들이 지독한 욕설을 퍼부으며 잠을 깨운다.

"야, 이 돼지 같은 조센진 새끼들아! 빨리빨리 일어나 일을 해라. 일을 해!"

우리들은 후다닥 몸을 일으킨다. 늦으면 또 곡괭이 자루다.

노곤하다. 어깨뼈가 뻐근하다.

그러나 그 짧은 토끼잠이 그렇게 달콤할 수가 없었다. 잠깐 동안의 잠이었지만 한나절 동안의 피로가 말끔히 가시는 것만 같았다. 그러나 그것은 일시적인 느낌일 뿐이었다. 곡괭이질을 몇 번만 하고 나면 우리는 금세 허우적거렸다. 쌓이고 쌓인 피로가 풀릴 날이 없었기 때문이었다.

게다가 곡괭이질을 한 시간 동안만 하고 나면 금세 도로 배가 고팠다. 아침 저녁으로 맨날 죽만 먹는 데다, 점심밥도 공기로 한 그릇 반 정도의 분량밖에 되지 않았기 때문이었다.

그렇기 때문에 우리들은 될 수 있으면 용변을 보지 않았다. 대변은 물론이고 소변조차도 될 수 있는 대로 보지 않았다.

더욱이 막장 안에서의 소변은 우리들에게 거의 금기사항이었다. 감독들의 곡괭이 자루가 무섭기도 했지만, 소변을 자주 보면 금방 배가 고파오기 때문이었다. 그것은 어쩌면 생존을 위한 최후의 몸부림이자, 우리들의 절대 필수조건이었던 것이다.

막장에서의 하루는 한 달보다도 더 길게 느껴졌다. 아침에 갱에 들어설 때면 어깨부터 축 늘어졌다. 그날 하루 일을 위해 또 어떻게 힘내야 할까 하는 아득함이 무겁게 가슴을 짓눌렀기 때문이었다.

14

막장에서는 두들겨 맞는 날이 항다반사였다. 오줌 때문에 두들겨 맞고, 곡괭이질 때문에 두들겨 맞고, 광차 때문에 두들겨 맞고……. 감독들의 곡괭이 자루는 사사건건 구실을 잡아 춤을 추었다. 지독한 구타였다.

그러나 그 구타 가운데서도 가장 어처구니없는 것은 말(언어) 때문에 두들겨 맞는 것이었다. 일본인 감독과 한국인 노무자들 간에 의사소통이 잘 안 되는 탓이었다.

작업장(막장)에는 '사키야마先山'라는 일본 사람들이 몇 있었다. 탄맥을 찾는 탐색반장들이었다. 그들은 특히 한국인 노무자들에게는 호랑이였다.

사키야마는 모두 테가 달린 헬멧을 쓰고 있었다. 빨간 테와 파란 테였다. 그 중에서 빨간 테가 달린 헬멧을 쓴 사람은 대감독이고, 파란 테의 헬멧은 그냥 감독들이었다. 우리들은 모두 테가 없는 헬멧을 썼다.

그런데 문제는 그 파란 테의 사키야마들이었다. 그들이 특히 한국인 노무자들에게 고약했던 것이다. 사키야마들은 항상 손에 곡괭이자루와 쇠꼬챙이 비슷한 것을 들고 다녔다. 쇠꼬챙이 비슷하게 생긴 것은 탄맥을 찾는 데 쓰이는 연장이고, 곡괭이자루는 물어볼 것도 없이 노무자 구타용이었다.

그들이 주로 작업을 지시하고 감독했다. 그들은 항상 무표정했다. 그러나 그들의 곡괭이자루는 절대 용서하는 법이 없었다. 노무자들의 조그만 실수도 절대 용납하지 않았던 것이다.

그렇기 때문에 우리들은 그들의 발자국 소리만 들어도 식은 땀을 줄줄 흘렸다. 언제, 어디서, 어디로 그들의 곡괭이자루가 날아들지 몰랐기 때문이었다.

한국인 노무자들은 대부분 일본말이 서툴렀다. 개중에는 일본말을 전혀 모르는 사람도 있었다.

나는 비교적 일본말을 잘하는 편이었다. 그 덕분에 말로 인해 두들겨 맞는 일은 거의 없었다. 그러나 다른 노무자들은 서툰 말 때문에 하루가 멀다 하고 두들겨 맞았다.

일본말이 서투른 한국인 노무자들은 사키야마가 뭐라고 지시해도 소 닭 쳐다보듯 멀뚱멀뚱 바라만 보고 있기가 일쑤였다.

그러면 사키야마들의 곡괭이자루는 어김없이 날아들었다. 인정사정 없이 노무자들의 어깨며 등짝을 후려팼던 것이다.

한번은 무안에서 온 어떤 소년이 간단한 말을 알아듣지 못해 초주검이 되도록 얻어맞은 적이 있었다.

그 소년은 초등학교도 다니지 못한 아이였다. 어려서부터 남의 집 머슴살이만 하다 주인집 아들 대신에 끌려온 아이였다.

그런데 그날 마침 한 사키야마가 그 소년에게 무언가를 지시하고 있었다.

철판을 가져오라는 말이었다. 새 채탄막장에 깔 철판이었던 모양이었다.

15

남의 집 머슴살이만 하다 주인집 아들 대신에 억지로 끌려온 그 무안 아이가 일본말을 알아들을 턱이 없었다.

그 무안 소년은 사키야마의 명령을 알아듣지 못한 채, 멀뚱멀뚱 바라만 보고 있었다. 그 순간 사키야마의 얼굴이 험상궂게 구겨졌다. 그리고 벼락같은 욕설이 터져나왔다.

"바가야로!(미련한 놈)"

"구라스도!(두들겨 패겠다)"

그러면서 그 사키야마의 곡괭이자루는 그 소년이 어깨 위에서 무섭게 도리깨질을 하기 시작했다. 마치 보리타작하는 것처럼 초주검이 되도록 두들겨 맞은 그 무안 소년은 며칠 뒤 끝내 죽고 말았다.

약은 고사하고, 미음 한번 제대로 먹지 못한 채, 장독(杖毒, 매를 심하게 맞아 생긴 상처의 독)이 들어 끝내 숨을 거두고 만 것이었다. 그의 주검은 죽어서도 시퍼렇게 멍이 들어 있었다.

그러나 그 죽음은 개죽음에 불과했다. 강제 징용 되어 온 한국인 탄광 노무자들은 그야말로 일회용 소모품에 지나지 않았던 것이다.

그 소년의 죽음은 결국 서류에 '병사病死'로 처리되었고, 원통하고 절통한 죽음일 뿐이었다.

갱내에서의 구타는 비단 곡괭이자루뿐만 아니었다. 성질이 급한 사키야마들은 닥치는 대로 연장을 집어 노무자들을 때렸다. 포악하고 잔인하기 이를 데 없었다.

그들 가운데서도 '호랑이 발바닥'이라는 별명이 붙은 한 사키야마가 있었다. 그는 곡괭이자루나 연장보다는 주로 장화발로 노무자들의 가슴팍을 걷어찼다. 그 장화발이 어찌나 독하고 매서운지 '호랑이 발바닥'이라는 별명이 붙을 정도였다.

어느 날에는 나와 같은 고향에서 온 소년 하나가 그 '호랑이 발바닥'에 채여 그 자리에서 죽고 말았다. 아침 막장에 들어간 직후였다.

바로 옆 채탄막장에서 갑자기 벼락같은 욕 소리가 터져 나왔다. 그리고 이내 쿵! 하는 둔탁한 소리가 났다. 영암에서 온 그 소년이 '호랑이 발바닥'에 채여 거꾸러지고 있었던 것이다.

그 소년은 며칠 전부터 심한 독감을 앓고 있었다. 밤이면 열이 펄펄 끓었다.

한국인 반장이 감기약이라고 흰 알약을 몇 개 주었지만, 도무지 차도가 없었다.

그날도 소년은 알약 몇 개를 받아먹고 현장에 나왔다. 그러나 열이 펄펄 끓고 기운이 없는데다 현기증이 돌아 곡괭이질을 잠시 뭉그적거리고 있었던 모양이었다. 그것이 '호랑이 발바닥' 눈에 걸려들었고, '호랑이 발바닥'은 먹이를 발견한 솔개처럼 기다렸다는 듯이 소년의 명치끝을 가차없이 가격한 것이다.

16

'호랑이 발바닥'에 명치끝을 정확히 채인 그 영암 소년은 허리가 꺾였다. 그리고 풍뎅이처럼 데굴데굴 언덕 막장을 굴러 떨어졌다.

막장 아래는 뭉툭한 바위 갱벽坑壁이었다. 영암 소년은 신음한마디 없이 그 바위 갱벽으로 굴러가 부딪혔고, 다시는 일어나지 못했다.

참으로 어처구니없고 허황한 죽음이었다. 사람 목숨이 그렇게 허망할 수도 있는가 싶었다.

그러나 죽음은 허망했지만 어쩌면 그렇게 빨리 가는 편이 나을지도 몰랐다. 지옥 같은 중노동과 굶주림과 구타에 시달리기보다는 더 빨리 천당을 찾아가는 게 나았을지도 몰랐다. '호랑이 발바닥'이 아니더라도 어차피 그는 오래 살지는 못했을 터였다. 그 소년은 지독한 독감에다 폐렴까지 겹쳐 있었던 것이다.

소년의 직접적인 '사인死因'은 뇌진탕이었다. 갱벽에 몸을 부딪히는 순간 두개골이 깨진 것이다.

소년의 주검은 참혹했고 가혹했고 처참했다. 소년의 이마 위로 시뻘겋게 번진 죽음의 핏방울이 우리를 경악케 했다. 우리들의 눈시울은 뜨겁게 경련하고 있었다.

그러나 소리 내어 우는 사람은 아무도 없었다. 아니 속으로는 차라리 그 소년의 죽음에 모두 소리 없는 축복(?)을 보내고 있었다. 지옥 같은 노동과 굶주림과 구타에서 일찍 해방된(?) 그 소년의 죽음을 차라리 부러워하고 있었다. 지옥 같은 그 막장에서 벗어날 수만 있다면, 저마다 스스로 목숨을 끊고 싶은 때가 한두 번이 아니었기 때문이다.

소년의 어처구니없는 죽음에 우리는 한동안 망연자실했다.

그러나 죽음의 사자는 눈썹 하나 까딱하지 않았다. 오히려 '호랑이 발바닥'은 놀람과 공포감에 휩싸여 망연히 서 있는 우리에게 더욱 사나운 발길질을 해댔다.

"쥐새끼 같은 조센진 놈의 새끼들아! 뭘 하고 있는 거냐. 빨리빨리 일하지 않고."

앞서 죽은 무안 소년처럼 영암 아이도 '병사病死'로 처리되었다.

며칠 뒤, 인근에 있는 '야마다山田' 경찰서에서 형사들이 조사를 나왔지만 그것은 형식적인 조사였다. 조선인의 목숨은 파리 목숨과 다를 게 없었던 것이다.

막장에서는 그런 구타 사고가 하루가 멀게 빈번히 일어났다. 일본인 감독들의 눈에 조금만 거슬려도, 우리들은 이미 죽은 목숨이었다.

우리들은 이미 '황국신민의 명예로운 산업전사'가 아니라, 오로지 '노예'로만 취급당할 뿐이었다. 생각도 눈물도 없는, 최소한의 음식으로 연명하며 석탄만 캐고 나르는 짐승으로 바라볼 뿐이었다.

17

막장에서 살아남는 길은 오로지 일본인 감독들이 시키는 대로 무조건 순종하는 길뿐이었다. 그래서 두더지처럼 열심히 석탄을 캐야 했다.

그러나 날이 갈수록 일본인 감독들의 폭압은 그 강도를 더해 갔다. 빈도도 더욱 잦아졌다. 우리들이 캐내는 일일 석탄 생산량이 점차 떨어져 갔기 때문이다. 체력이 쇠약해진 탓이었다.

그럴수록 일본인 감독들은 더욱 포악스럽게 굴었다. 더욱 호되게 곡괭이자루로 구타를 해댔다. 일일 채탄량이 감소할수록 그들이 받는 수당도 그만큼 적어졌기 때문이다.

그러나 그보다 큰 이유는 바로 전황(戰況, 전쟁이나 전투가 진행되어 가는 상황)이었다.

당시 태평양전쟁은 막바지로 접어들고 있었다. 태평양을 사이에 두고, 일본과 미국은 치열한 공방전을 되풀이하고 있었기에 일본은 군수물자 동원에 혈안이 돼 있었다. 미군의 엄청난 군사력에 맞서기 위해서는 막대한 군수물자가 필요했다.

군수물자를 조달하기 위해서는 내지(일본)에 있는 군수 공장을 최대한으로 가동해야 했고, 그 군수 공장을 가동하기 위해서는 엄청난 에너지 자원이 필요했다. 그것이 바로 석탄이었다. 당시 일본 군수 공장의 주 에너지원은 석탄이었기 때문이다.

그러나 갈수록 전황은 더욱 급박해져 갔고 일본의 패색이 점점 짙어졌다.

그러자 일본은 내지에 있던 각 노무보국회勞務報國會 및 탄광에 긴급명령을 내렸다.

'탄광노무자를 최대한 확보할 것. 그리고 일일 석탄 생산량을 최대로 늘릴 것.'

태평양전쟁 말기로 접어들면서 우리처럼 어린 소년들까지 탄광 노무자로 대거 징용해간 것도 다 그 때문이었다. 뿐만 아니라 일본인 감독들이 더욱 포악스럽게 군 것도 모두 그와 관련한 일본의 마지막 발악이었던 셈이다.

막장에서의 구타로 인한 사고는 차라리 작은 일이었다. 우리들이 쉬지 않고 짐승처럼 석탄만 캐면, 그런 사고는 그럭저럭 피해갈 수 있는 것이었기 때문이다.

그보다도 더욱 무섭게 우리들의 목숨을 노리는 것이 있었는데, 바로 발파 사고와 낙반落盤 사고였다. 목숨이라는 면에서 보면 구타로 인한 사고보다도 발파 사고와 낙반 사고가 우리에게는 더욱 위협적인 존재였던 것이다.

발파 사고와 낙반 사고는 전혀 예측할 수 없는 때와 장소, 예측할 수 없는 계기로 목숨을 앗아갔다. 따라서 발파와 낙반 사고는 우리들에게 안전수칙 제1조에 해당하는 셈이었다.

비참한 죽음들

18

발파와 낙반 사고는 바늘과 실처럼 언제나 함께 붙어 다녔다. 발파 사고가 일어나면 틀림없이 낙반 사고가 뒤따라 생명들을 앗아갔다.

그 중에서도 더 두려운 것은 낙반 사고였다. 발파 사고는 충분히 주의를 기울이면 그런대로 피해갈 수도 있었지만, 낙반 사고는 그야말로 전혀 예측할 수 없는 상태에서 불쑥 일어나는 사고였기 때문이다.

막장 천장에는 '보다'라는 파란 돌이 있었다. 막장이 붕괴되는 것을 막기 위해 동발(광산이나 탄광, 토목 공사를 위하여 땅 속에 뚫어 놓은 길이 무너지지 않도록 받치는 기둥)로 삐죽삐죽 괴어놓은 바윗돌이었다. 그 생김새가 마치 구들장 같았다. 그런데 그것이 바로 우리들의 생명을 순식간에 앗아가는 무시무시한 대상이었다.

그래서 발파를 하고 나면 그 '보다' 점검을 특히 잘 해야 했다. 발파를 하고 난 뒤, 무턱대고 막장 안으로 들어갔다가는 그 돌에 맞아 죽는 일이 허다했던 것이다.

늘 떨어질 위험을 안고 있는 '보다'는 둔탁한 소리가 났다. 곡괭이자루로 가만히 두드려보아 텅텅 빈 소리가 울리면 그 '보다'는 미리 떨어뜨려야 했다. 그러지 않으면 그 돌이 언제 무너져 우리를 덮칠지 몰랐다.

그렇게 해도 '보다'는 정말 위험한 존재였다. 아무리 샅샅이 점검을 잘 해도 조금만 틈이 벌어지면 무너져 내렸기 때문에 '보다'는 이웃해 있는 다른 막장에서 발파작업을 할 때 특히 조심해야 했다. 발파로 인해 막장이 울리면 삽시간에 떨어져 우리들의 머리를 으깼기 때문이다. 나도 하마터면 그 돌에 맞아 죽을 뻔했다.

막장에 투입된 지 닷새쯤 지났을 때였다. 그날도 우리들은 2인 1조가 되어 각 막장에서 석탄을 캐고 있었다. 그런데 한 사키야마가 와서 모두 다른 막장으로 가서 일하라고 했다. 우리가 일하던 막장은 발파를 한다는 것이었다.

발파는 주로 막장에 거대한 바윗덩이가 있거나, 새 탄맥을 찾을 때 했다. 그날의 발파는 새 탄맥을 찾기 위한 발파였다.

발파 작업을 하는 동안 우리는 다른 막장으로 옮겨가 계속 석탄을 캐내고 있었다. 한참 뒤, 꽝 하고 천둥같은 폭음이 들려왔다. 그 소리가 어찌나 큰지 귀가 먹먹할 정도였다. 막장에 투입된 뒤로 처음 듣는 폭음이었다.

그러자 내 바로 옆에서 곡괭이질을 하던 소년이 갑자기 '억!'

하며 고꾸라졌다. 낙반 사고가 일어난 것이다. 나와는 불과 한 팔 거리도 되지 않았다. 동발로 괴어 놓은 '보다'가 발파 진동 때문에 떨어져 내리면서 그 아이를 내리찍은 것이었다.

19

나는 소스라치게 놀라 옆으로 비켜 섰다. 하마터면 내가 그 '보다'에 맞을 뻔했다 생각하니 등골에서 식은땀이 주르르 흘렀다.

헬멧을 쓴 채로 그 돌덩이에 머리 한가운데를 찍힌 소년은 개구리처럼 땅바닥에 엎어졌다. 소년의 헬멧과 이마 사이로 붉은 선지피가 꽃물처럼 배어나왔다.

나는 황급히 그 소년에게 다가갔다. 나주 소년이었다.

나주 소년은 이미 정신을 잃고 혼절해 있었다. 나는 동료들을 불렀다.

"낙반 사고다! 사람이 다쳤다. 누가 좀 도와주라!"

그러나 동료들은 멀뚱멀뚱 지켜만 볼 뿐, 누구 하나 선뜻 나서지 않았다. 감독들의 곡괭이자루가 무서웠던 것이다.

나는 하는 수 없이 혼자서 그 소년을 일으켜 안아서 응급처치를 했다.

헬멧을 벗기자 왼쪽 머리통이 움푹 꺼져 있었다. '보다'에 찍힌 자국이다. 거기서 붉은 피가 멈추지 않고 흘러나왔다.

나는 내 속 셔츠를 찢어 소년의 머리통을 감싸 맸다. 그러나 검붉은 선지피는 멈추지 않고 계속해서 소년의 이마로 번져 나왔다.

소년의 얼굴은 점점 핏기가 사라졌다. 그대로 놓아두면 금방 죽을 것 같았다.

나는 소년을 막장 밖으로 데려가기 위해 들쳐 업었다.

그러나 소년을 업고 막 한 발자국 떼려는 순간, 뒤에서 날카로운 고함소리가 들려왔다.

"바가야로! 야 이 조센진 놈의 새끼야. 지금 뭘 하고 있는 거냐."

나는 깜짝 놀라 뒤를 돌아보았다. 한 사키야마가 두눈을 부릅뜨고 나를 노려보고 있었다.

"옛, 감독님. 낙반 사고로 사람이 다쳤습니다. 그대로 놔두면 금방 죽을 것 같습니다. 그래서 지금 막장 밖으로 옮기려는 중입니다."

"바가야로. 곰 같은 이 조센진 놈아. 누가 지금 그걸 몰라서 묻나. 누가 네 놈 말대로 그렇게 하라고 했느냐 말이다."

그 말이 떨어짐과 동시에 감독의 곡괭이자루는 내 왼쪽 어깻죽지로 날아들었다.

나는 허겁지겁 나주 소년을 땅바닥에 도로 내려놓고 막장 끝으로 뛰어갔다. 다른 아이들은 이미 석탄을 캐고 있었다. 부랴부려 나도 곡괭이질을 하기 시작했다.

그러나 감독의 고함소리는 계속되었다.

"멍청한 조센진 놈들아. 잘 들어라. 일과 시간에는 절대 밖으로 나갈 수가 없다. 그리고 저 정도 상처는 아무것도 아냐. 절대로 안 죽는단 말이다."

20

어이가 없었다. 아니 눈물이 핑 돌았다. 그대로 내버려두면 그 소년은 틀림없이 죽을 참인데도 괜찮다니……. 그 정도 상처는 아무 것도 아니라니……. 절대로 안 죽는다니……. 우리는 인간이 아니고 강철이란 말인가.

곡괭이질을 하는 팔뚝에 힘이 하나도 없었다. 곡괭이자루로 맞은 왼쪽 어깻죽지가 계속 욱신거렸다.

그들은 정녕 피도 눈물도 없는 인간들일까. 아아, 눈물이 비오듯 쏟아졌다.

나는 헛곡괭이질을 계속했다. 그 소년 생각으로 곡괭이질을 제대로 할 수 없었다.

하기는 감독의 제지가 아니더라도 소년을 데리고 나갈 수는 없는 일이었다. 한번 막장에 투입되면 일과가 끝나기 전에 우리는 절대 밖으로 나갈 수가 없었다. 막장에 들어올 때와 나갈 때

외에는 인차를 가동하지 않았기 때문이다. 거기다가 지하 막
장에서 현장 사무소까지는 너무나 멀었다. 지하 1천 5백 미터는
족히 되었다.

때문에 내가 그 소년을 들쳐 업고 밖으로 나간다는 건 어림
도 없는 일이었다. 막장을 채 벗어나기도 전에 우리들은 미로에
파묻혀 둘 다 죽고 말았을 것이다.

나는 체념했다. 그리고 자포자기가 된 심정으로 곡괭이질을
힘껏 해댔다. 석탄덩이가 와르르 무너져 내리면서 내 정강이뼈
를 강하게 때렸다. 그러나 전혀 아픈 줄을 몰랐다. 따끔한 통증
만 약간 느껴질 뿐이었다.

하루 일과가 끝나자 곡괭이질을 멈추기가 바쁘게 나는 소년
에게 달려갔다. 소년은 사지를 쭉 뻗은 채, 미동도 하지 않고 있
었다.

소년의 이마 위로 번져 나온 피가 검붉게 말라붙어 있었다.
눈꺼풀을 까보았다. 퀭했다. 나는 소년의 코에 귀를 갖다 댔다.
숨소리가 들리지 않았다. 벌써 죽었단 말인가……. 눈앞이 아득
해졌다. 나는 부랴부랴 소년의 앞가슴을 풀어헤쳤다. 그리고 다
시 귀를 가져다 댔다. 오, 하느님! 감사합니다. 소년의 심장은 희
미하게나마 박동하고 있었다.

나는 황급히 소년을 들쳐 업고 동료들의 부축을 받아 소년을
인차에 실었다.

모두들 상기된 표정이었다. 사고 직후에는 감독들의 곡괭이

자루가 무서워 멈칫거렸지만, 지금은 서로가 앞장서서 소년을 부축했다.

나는 목구멍이 뜨거워지는 것을 느꼈다. 아, 동료애란 바로 이런 것인가. 아니 동포애란 바로 이런 것인가······.

그러나 지체할 여유가 없었다. 죽느냐 사느냐, 그 소년의 목숨은 우리 손에 달려 있었다.

21

동료들의 부축을 받아 개구리처럼 뻗어 있는 나주 소년을 인차에 태웠지만, 인차는 좀처럼 출발하지 않았다. 그때까지도 막장에는, 인차에 타지 않고 남아있는 광부들이 많았기 때문이다.

막장에 들어오고 나갈 때, 우리는 항상 함께 인차를 타고 출발해야 했다. 우리가 도망치는 것을 최대한으로 막기 위해, 일본인 감독들이 취한 조치였다.

나는 애가 탔다. 조금만 늦으면 소년이 금방 죽어버릴 것만 같았다. 안 된다. 어떻게 해서든지 소년을 살려야 한다. 강제로 끌려온 것만도 서러운데, 그렇게 허망하게 죽게 내버려둘 순 없다. 감독들에게 사정해 보자. 저들도 결국은 인간 아닌가. 정녕 인간이라면 이 꼴을 보고 그대로 가만있지는 않겠지······.

나는 한 감독에게 달려갔다. 그리고 사정했다.

"감독님, 우리 먼저 내보내 주십시오. 사람이 곧 죽게 생겼습니다. 한 번만 봐 주십시오."

그러나 그 감독은 내 말이 떨어지기가 무섭게 귀싸대기를 올려붙였다.

"뭐라고? 버러지 같은 이 조센진 새끼. 여기가 어딘 줄 알아. 막장이야 막장. 안 돼."

그러나 나는 계속해서 그 감독에게 엉겨붙었다. 울며불며 통사정했다.

"감독님, 제발 한 번만 봐주십시오. 저놈이 살아나면 더 많은 석탄을 캘 거 아닙니까."

그 말이 주효했던지, 아니면 그 감독에게 최후의 인간적인 양심이 살아남아 있었던지, 그 감독은 나를 지긋이 째려보더니 총감독에게 갔다. 그리고 뭐라고 속삭였다. 아마 우리부터 내보내주자고 상의하는 모양이었다.

상의가 잘 되었을까. 잠시 뒤, 그 감독은 나에게로 다시 돌아왔다. 그리고 짧게 내뱉었다.

"좋다. 먼저 나가거라. 네놈 때문에 이번 한 번만 봐주는 거다."

"감사합니다."

나는 번개같이 인차로 달려왔다. 소년이 금방 살아날 것 같은 희망이 보였다.

나는 동료들과 함께 있는 힘을 다해 인차를 밀었다. 인차는 서서히 움직이기 시작했다. 그러다 가속도가 붙자 무서운 속도록 갱 밖을 향해 질주해갔다.

갱 밖은 칠흑처럼 어두웠다. 밤 9시가 넘은 시간이었다.

갱 입구에 도착하자마자 나는 나주 소년을 등에 업고, 합숙소를 향해 냅다 뛰었다. 내가 헐떡거리자 다른 동료가 대신 업고 달렸다.

합숙소에 도착한 우리들은 땀으로 멱을 감고 있었다. 나는 내무반에 이불을 깔고 나주 소년을 눕혔다. 물에 씻긴 탄가루가 먹물처럼 마룻바닥에 굴러 떨어졌다.

22

한 동료가 식당에서 뜨거운 물을 한 사발 가져왔다. 나는 나주 소년의 입을 벌린 뒤, 뜨거운 물을 한 숟가락 떠 넣었다. 그러나 나주 소년은 목구멍을 끄르륵거리기만 할 뿐, 입술 밖으로 물을 되넘겼다. 몇 번이고 물을 떠 넣었지만 소용이 없었다.

나는 소년의 가슴을 만져보았다. 차디찼다. 죽었는가……. 소년의 가슴에 귀를 다시 갖다 댔다. 심장 뛰는 소리가 들리지 않는 것 같았다.

나는 소년의 가슴을 문지르기 시작했다. 그러면서 동료들에게 소리쳤다. 야, 이놈이 죽었는갑다. 빨리빨리 팔다리 좀 주물러라.

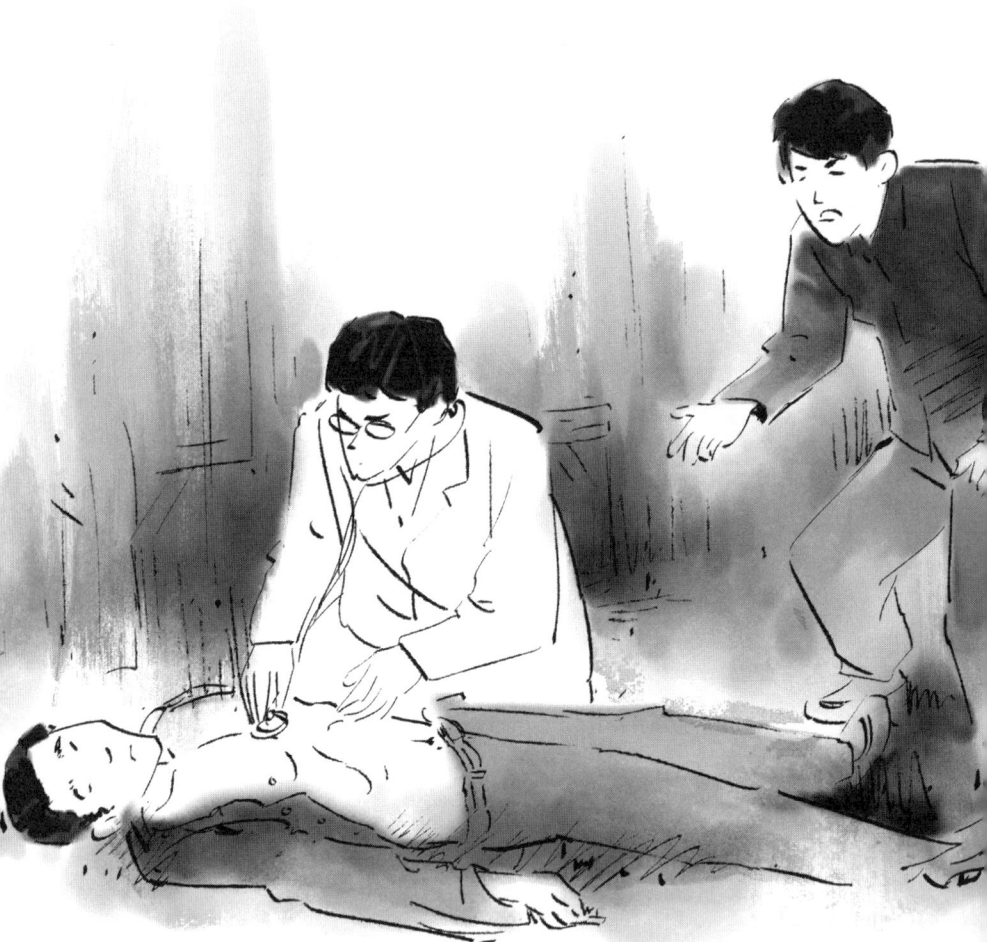

사지를 넘어 귀향까지

우리들은 개미떼처럼 그 소년에게 달라붙어, 몸을 문질러댔다. 그러면서 울었다.

"야, 임마. 죽으면 안 돼. 억울해서 어떻게 죽어. 제발 죽지 마. 이 자식아……."

그러나 나주 소년은 꿈쩍도 하지 않았다.

울며불며 우리가 그렇게 부산을 떨고 있는 동안, 의사가 나타났다. 탄광에 파견된 일본군 군의관이었다. 군의관은 다짜고짜 소년의 눈꺼풀부터 까뒤집어 보았다. 그리고 머리 상처를 살펴보았다. 우리들은 울음을 멈추고 긴장했다. 나주 소년이 과연 살 것인가, 죽을 것인가.

군의관은 다시 소년의 앞가슴을 풀어헤쳤다. 그리고 청진기를 갖다 댔다. 그 시간이 퍽 긴 것 같았다.

소년의 가슴에서 청진기를 뗀 군의관은 다시 소년의 허리께에 두 손을 모다 넣었다. 그러더니 고개를 좌우로 한번 가볍게 흔들었다. 죽었다는 표시인 것 같았다.

나는 와락 군의관에게 달려들었다.

"군의관님, 안 됩니다. 살려주십시오. 저대로 죽으면 너무나 억울합니다. 불쌍합니다. 제발 살려주십시오……."

그러나 군의관은 다시 한 번 좌우로 고개를 흔들었다. 그리고 내 손을 뿌리쳤다.

"너무 늦었다. 이미 송장이야."

내무반은 한순간에 울음바다가 되었다.

"야 이 자식아. 왜 그렇게 빨리 죽어 버렸냐. 원통하고 절통해서 어떻게 죽었냐. 제발 좀 눈 좀 뜨거라. 이 자식아."

그러나 우리들의 피맺힌 통곡에도 아랑곳없이 소년은 조용히 눈을 감고 있었다. 그리고 잠시 후, 반장들이 달려와 시체를 치웠다.

우리들은 넋을 잃었다. 탄광 생활이 험하다고는 하지만, 그렇게 무참하게 사람이 죽어나갈 줄은 몰랐던 것이다.

나주 소년의 죽음은 우리가 막장에 투입된 뒤, 최초로 일어난 생명 사고였다. 그 뒤로도 구타 사고와 낙반 사고, 발파 사고 등으로 많은 동료가 죽어 나갔지만, 나주 소년의 죽음만큼 그렇게 충격적이지는 않았다.

그날 밤 나는 한숨도 잠을 이루지 못했다. 나뿐만 아니었다. 다른 동료들도 대부분 마찬가지였다. 그리고 그날 밤 나는 처음으로 탈출을 생각해보았다.

23

강원도 원元 씨. 그는 내 생명의 은인이다. 그분이 아니었더라면 나는 진작 저세상 사람이 되었을 것이다. 죽음의 그 미쓰비시 탄광에서 해골바가지가 되었을 것이다. 그리고 오늘 이 수기도 쓰지 못했을 것이다.

원 씨. 그분은 내가 탄광 생활을 하는 동안 친형님 같이 모신 분이었다. 어렵고 힘든 일이 있을 때마다, 그리고 내가 곤경에 몰렸을 때마다 그 분은 항상 나 대신 나서서 위기를 모면해주곤 했다.

참으로 고마웠던 원 씨. 내 생전에 잊을 수 없는 원 씨. 그런데 그분이 끝내 비명횡사할 줄이야. 그렇게도 그리던 처자식과 고국 땅을 밟아보지도 못한 채 그렇게 처참하게 죽어갈 줄이야.

아아, 원 씨. 지금쯤은 저승에서나마 눈을 감고 있는지요. 그 사무친 원과 한이 조금이나마 풀리셨는지요. 오늘 내가 엎드려 이 수기를 쓰는 것도 다 당신 때문입니다. 아직도 머나먼 저승길을 원귀로 떠돌고 있을 당신의 혼백 때문입니다.

원 씨, 부디 용서하십시오. 나 혼자만 요렇게 살아남아서 당신의 넋을 쓸쓸히 그리고 있음을. 그러나 당신의 기일忌日을 한 번도 잊어본 적은 없답니다. 해마다 당신의 기일이 되면 나는 소주 한 병 받아 들고 월출산에 오른답니다. 그래서 당신이 잠든 현해탄 너머를 향해 잔을 올린답니다. 그러나 원 씨, 내가 올린 잔이 너무 작지나 않은지요. 너무 차갑지나 않은지요.

원 씨는 강원도 삼척 사람이었다. 당시 그의 나이는 32세. 나보다도 이태(2년) 먼저 미쓰비시 탄광에 징용돼 온 고참 노무자였다.

그는 늘씬한 키에 얼굴도 미남이었다, 거기다 기운도 세고, 성품이 고와 동료나 후배 노무자들로부터 많은 존경을 받았다.

그들이 곤경에 처할 때면 누구보다도 앞장서서 그들을 도와주
곤 했으므로……

　그는 특히 나를 친동생처럼 생각해 주었다. 어쩌다 합숙소에
서 틈이 나면 내 내무반으로 꼭 찾아와 이것저것 보살펴주었다.
막장에서 탄을 캘 때도 내가 힘겨워하면 감독들의 눈을 용케 피
해 나를 거들어주곤 했다. 그는 특히 내가 탈선 사고라도 일으키
면 부리나케 쫓아와 감독들에게 두들겨 맞는 것을 막아주었다.

　힘이 약한 나는 광차鑛車 탈선 사고를 자주 일으켰다. 레일과
광차 바퀴 사이에 물로 반죽된 탄가루가 끼면 여지없이 탈선 사
고가 일어났다. 그러면 그 광차를 바로 세울 때까지 다른 광차가
움직이지를 못했다. 때문에 탈선 사고를 일으킨 노무자는 감독
들에게 초주검이 되도록 두들겨 맞았다.

　원 씨는 내가 탈선 사고를 일으킬 때마다 잽싸게 쫓아왔다.
그리고 지렛대를 이용해 쓰러진 광차를 바로 일으켜 주었다. 원
씨 덕분에 나는 감독들에게 두들겨 맞는 사태를 여러 차례 모면
했던 것이다.

24

　원 씨는 나에게 고향 이야기를 자주 해 주었다. 자기 고향에
도 그 곳처럼 탄광이 많이 있다고. 그러나 탄광에서 일해 본 적

은 한 번도 없었다고. 자신은 고향에서 농사만 지었다고.

고향 이야기를 할 때마다 원 씨는 눈물을 글썽였다. 자식들이 보고 싶다고. 아내가 자식들 데리고 얼마나 고생하는지 모르겠다고. 큰아들 녀석은 그때쯤 초등학교에 들어갔겠다고.

그러면서 원 씨는 가끔 신세타령도 곁들였다. 일본 가면 돈을 많이 벌어 돌아올 수 있다는 군청 노무과 직원들의 말에 속아 그곳에 왔다며. 그런데 이태가 넘었다며. 이태 기한으로 왔는데, 그때껏 못 가고 있다며. 내가 어리석은 놈, 어리석은 놈이었다며.

원 씨는 내 고향에 대해서도 자주 물었다. 내 고향이 전라도 어디쯤 있느냐며. 일본에서 가려면 어떻게 가야 되느냐며. 그러면 나는 그에게 먼저 월출산 이야기부터 해 주었다. 그리고 영산강과 구림평야, 바다 이야기를 해 주었다.

내 이야기를 들을 때마다 원 씨는 내 고향을 퍽 부러워했다. 네 고향은 살기가 좋은 곳인가 보다며. 자신의 고향에는 산과 밭밖에 없다며. 일본에서 나가면 네 고향에 꼭 한번 찾아가겠다며. 그 원 씨가 그런데 그만 발파 사고로, 허망하게 저세상 사람이 될 줄이야……

1944년 1월 초순께였다. 막장에 투입된 지 두 달 만에 우리들은 처음으로 쉬었다. 일본 설(양력 설)날이었다. 그날만큼은 일본인 감독들도 일을 시키지 않았다. 그리고 아침 쌀죽에 두부 반쪽만한 찰떡을 넣어주기도 했다. 우리들은 그 찰떡 쌀죽을 정말

감칠나게 먹었다. 일본인 감독들은 합숙소 정면에 크리스마스 트리처럼 소나무와 대나무를 엮어 세우기도 했다. 자신들의 설을 축하하는 표시였다.

그날도 원 씨는 어김없이 내 내무반으로 찾아왔다. 오후 새참 때쯤이었다. 쌓이고 쌓인 피로를 한꺼번에 풀기라도 할 듯 곤하게 자고 있는데, 누가 흔들어 깨웠다. 원 씨였다. 속으로는 나는 귀찮은 생각도 들었지만 벌떡 일어났다. 원 씨는 나에게 밖으로 나오라는 눈짓을 하고 먼저 내무반 밖으로 나갔다.

원 씨는 나를 데리고 창고로 갔다. 원 씨는 창고 청소 당번이었다.

원 씨와 나는 창고 한 쪽에 쌓여 있는 연장더미 위에 가 앉았다. 원 씨는 나에게 무슨 말을 할 듯 지긋이 내려다보았다. 그러더니 안주머니에서 종이 꾸러미를 꺼냈다. 두부 크기만한 찰떡이었다. 원 씨는 그것을 나에게 내밀었다. 식당에서 일하는 아주머니 한 분과 친한데, 그 사람에게 얘기해서 몰래 한 개 얻어왔다며, 어서 먹으라고 했다. 나는 눈물이 핑 돌았다. 원 씨가 정말 친형님같이 느껴졌다. 목이 메어 떡이 넘어가질 않았다. 눈물 범벅이 돼 떡을 씹는 나를 바라보며 원 씨는 어금니를 지긋이 깨물고 있었다.

25

찰떡을 다 먹고 나자 원 씨는 나에게 간밤의 꿈 이야기를 해 주었다.

"꿈에 갑자기 10년 전에 돌아가신 아버지가 나타나시더라. 농사만 짓다 돌아가신 분이었는데, 어쩌된 일인지 어젯밤 꿈속에는 하얀 백발에 두루마기를 입고 신선처럼 나타나셨지. 그러면서 하시는 말씀이 아들아, 얼마나 고생이 많느냐. 이 애비 죄가 너무 커 네가 타향에서 큰 고생을 하고 있구나. 조금만 참고 있거라. 내 곧 너를 데리러 갈 터이니……."

원 씨는 꿈 이야기를 하면서 눈물을 글썽였다. 꿈에 느닷없이 돌아가신 아버지를 뵙고 나서 마음이 심란하다고. 혹시 고향 집에 무슨 변고가 생긴 건 아닌지 모르겠다고.

그날 오후 내내 원 씨와 나는 그 창고에서 이야기꽃을 피웠다. 그런데 이야기 끝 무렵이었다. 원 씨가 갑자기 목소리를 낮추더니, 긴장된 표정으로 주위를 두리번거렸다. 그리고 내 귀에 대고 낮게 속삭였다.

"상업아, 지금부터 내가 하는 말은 절대 비밀이다. 너 혼자만 알고 있어야 돼."

원 씨가 비밀스럽게 속삭인 말은 충격적인 것이었다.

며칠 전 일이었다고 한다. 그날 밤 늦게 원 씨는 창고에서 식당 아주머니와 몰래 만나고 있었다. 아주머니와 한참 정담을 나누고 있는데, 갑자기 창고 문이 열리면서 일본인 감독 두 명이 들어왔다. 그리고 창고 한쪽에 있는 나무 궤짝으로 갔다. 원 씨는 날마다 창고 정리를 하면서도 그 궤짝 속에 무엇이 들어있는 줄 몰랐다. 그들은 궤짝 뚜껑을 뜯어내더니, 그 속에서 무언가를 꺼냈다.

원 씨는 가슴이 조마조마했다. 식당 아주머니와 몰래 만나고 있다는 사실이 들통나는 날엔 둘 다 끝장이었던 것이다. 원 씨와 식당 아주머니는 숨소리마저 죽인 채, 그들이 빨리 나가주길 기다렸다. 그런데 그들은 나갈 기척도 없이 되레 그 나무 궤짝에 걸터앉는 것이었다. 그리고 무엇인가를 마셔댔다. 가만히 보니 술이었다. 원 씨는 그제야 그 나무 궤짝에 술이 들어 있는 것을 알았다. 그러나 원 씨가 더욱 놀란 것은 그 다음 일이었다. 주거니 받거니 술을 마셔대던 그들은 갑자기 목소리를 낮추었다. 그리고 뭐라고 소근대기 시작했다. 원 씨는 귀를 쫑긋했다. 그런데 그들이 속삭이는 이야기는 정말 놀라운 것이었다. 그들은 전쟁 이야기를 하고 있었던 것이다.

그들은 지금 일본이 전쟁에서 지고 있다는 것이었다. 미국 비행기가 일본 본토까지 날아와 폭격을 가하고 있다는 것이었다. 며칠 전에 일본 항공모함 두 척이 태평양에서 미군의 공격을 받아 침몰했다는 것이었다. 그러면서 그들은 일본이 패망할지도 모르겠다는 것이었다.

26

일본인 감독들의 이야기는 정말 무시무시한 내용이었다. 천 년 만 년 끄떡도 하지 않을 것 같던 일본이 곧 패망할지도 모른 다니……. 그날 밤 원 씨는 가슴이 두근거려 한숨도 자지 못했다 고 했다.

원 씨 이야기를 들은 나도 그날 밤 한숨도 자지 못했다. 가슴 이 떨려 도무지 잠을 이룰 수가 없었다.

정말 일본이 전쟁에서 지고 있는 걸까. 일본이 패망하면 우 리는 곧바로 고향으로 돌아가는 걸까. 그때가 언제쯤일까.

그러나 나는 도무지 원 씨의 이야기가 믿어지질 않았다. 원 씨가 분명 감독들의 말을 잘못 들은 것이라고 생각됐다. 그때까 지만 해도 사실 나는 일본이 패망하는 건 생각조차도 해보지 않 았다. 아니 일본은 영원할 것이고, 우리들 또한 영원히 일본의 지배를 받고 살 것이라고만 생각했다. 그런데 머지않아 일본이 곧 망할 것이라니……. 이야기 끝에 원 씨는 "그러니 어떻게 해 서든지 우리는 목숨만은 꼭 부지하자"고 덧붙이기도 했다.

그러나 다음날 막장에 다시 투입되면서부터 나는 금세 그 말 을 잊어 버렸다. 일본의 패망은 멀고 중노동은 가까웠던 것이다. 조금만 방심해도 죽음의 저승사자는 혓바닥을 날름거리며 우리 들을 노렸던 것이다.

발파 사고가 일어난 것은 바로 그 닷새 후였다.

그날 나는 발파가 막 끝난 막장에서 동료들과 함께 '보다' 점검을 하고 있었다. 그리고 '보다' 점검을 마친 뒤, 아랫막장으로 내려가 물파이프를 연결하고 있었다. 발파를 한 뒤엔 막장 아랫뜸이 막혀 석탄이 아래로 흐르지 않는 일이 허다했기 때문이었다.

　물파이프에 고무 호스를 연결하고 막 일어서는 참이었다. 옆 막장에서 갑자기 '꽝!' 하는 폭음과 함께 미세한 분탄 가루가 폭풍처럼 나에게 덮쳐왔다.

　나는 깜짝 놀라 바닥에 엎드렸다. 그리고 잠시 후, "발파 사고다. 사람이 죽었다" 하는 외침을 들었다.

　그 외침소리는 마치 나를 두고 하는 소리 같았다. 그러나 내 사지는 멀쩡했다. 팔다리를 움직여 보고, 목을 움직여 봐도 아무렇지 않았다. 세탄 가루가 가라앉는 동안 나는 잠시 더 땅바닥에 엎드려 있었다. 그런데 윗뜸에서 갑자기 고함소리가 들렸다.

　"그 밑에 아무도 없냐. 있으면 빨리 올라와라."

　나는 벌떡 일어났다. 그런데 세탄 가루와 화약 연기가 자욱해 좀처럼 앞을 분간할 수가 없었다. 나는 엉금엉금 기어서 윗막장으로 올라갔다.

　탄가루를 시커멓게 둘러쓴 나를 보더니 한 동료가 내 손목을 덥석 잡았다.

　"오메 너는 살아 있었구나. 그런데 너랑 가장 친한 강원도 사람이 죽었어."

27

순간 나는 아찔했다. 원 씨가 죽었다. 친형님 같던 그 원 씨
가 죽었다니……. 안 될 말이었다.

나는 부리나케 사고 현장으로 달려갔다. 그런데 원 씨는 형
해(形骸, 생명이 없는 육체)였다. 얼굴이 찢어지고, 팔다리가 짓뭉개
진 낙엽의 형해였다.

나는 원 씨의 형해를 부둥켜안았다. 원 씨의 머리가 무릎 아
래로 꺾어졌다.

"형님! 형님, 제발 눈 좀 뜨십시오. 정말 죽었습니까? 이 동생
을 놔두고 정말 죽었습니까?"

그러나 원 씨는, 나의 통곡에도 아랑곳없이, 끝내 움직일 줄
몰랐다. 속절없었다.

원 씨의 죽음은 순전히 나 때문이었다. 막장에서 발파를 할
때는 원래 한 시간 전에 예고를 하게끔 되어 있었다. 제2막장 발
파를 할 때까지만 해도 그 예고 사항은 잘 지켜졌다. 그런데 일
본인 감독들의 착각에 의해 제3막장 발파 작업이 제2막장 발파
작업과 거의 동시에 이뤄지면서, 원 씨의 죽음을 부른 것이었다.

제2막장 발파가 끝나자 나는 '보다' 점검을 마친 뒤, 곧 제1
막장으로 내려갔다. 석탄을 하류시킬 물파이프를 연결하기 위해
서였다.

그런데 그때 갑자기 제3막장을 발파한다는 예고가 나왔다.

그 순간 동료들은 깜짝 놀라 부르짖었다.

"안 됩니다. 그 속에 지금 사람이 있습니다."

동료들은 내가 제3막장으로 들어간 줄로 알고 있었던 것이다.

동료들의 외침을 멀찍이서 듣고 있던 원 씨는 누가 말릴 틈도 없이 제3막장으로 뛰어 들어갔다. 나를 구하기 위해서였다. 그리고 잠시 후 폭파 사고가 일어난 것이다.

제3막장에 뛰어든 원 씨는 앞을 분간할 수가 없었다. 그날따라 원 씨의 전조등은 고장이 나 있었던 것이다. 전조등이 없으면 한 발자국도 움직일 수가 없었다. 그래서 우리들은 그 전조등을 '생명불'이라고도 불렀다.

내가 있을 줄 알고 뛰어들었던 원 씨는 전조등 불빛이 보이지 않자 칠흑같은 어둠 속에서 나를 찾았다.

"상업아, 어딨냐. 여기가 곧 폭파한다."

원 씨는 몇 번이나 나를 불렀다. 그러나 대답이 없자 원 씨는 그제야 내가 그 안에 없는 것을 깨달았다. 동료들이 착각한 것을 알았던 것이다.

원 씨는 급히 막장 밖으로 나오려고 했다. 그러나 생명불이 고장난 원 씨는 좀처럼 출구를 찾을 수가 없었다. 칠흑 같은 막장 속에서 원 씨가 출구를 찾고 있는 동안 다이너마이트의 불은 타들어 갔다. 그리고 원 씨가 막장 밖으로 채 빠져나오기도 전에 그 다이너마이트는 폭발했다. 참혹한 죽음이었다. 너무나 애타는 죽음이었다.

28

그날 오후, 나는 간신히 감독들의 허락을 받아내서 원 씨의 시신을 직접 묻었다. 동료 한 명과 함께 합숙소 근처의 양지바른 곳을 찾아, 원 씨의 시신 위에 두껍게 흙을 덮어주었다. 이태가 넘게 그 죽음의 미쓰비시 탄광에서, 고국의 처자식을 그리워하며 춥디춥게 살다 간 원 씨, 그가 지하에서나마 따뜻이 지낼 수 있도록, 흙을 덮어주고 덮어주었다.

원 씨의 죽음을 애통해하듯, 그날 밤엔 많은 눈이 내렸다. 그리고 그날 밤을 나는 뜬눈으로 지새며 하염없이 울었다.

나는 문득 일본 설날, 원 씨가 창고에서 들려줬던 꿈 이야기가 생각났다. 꿈에 백발의 아버지가 나타나셨다더니, 고국의 처자식에게 무슨 변고가 생겼는지 모르겠다더니, 그 꿈이 결국은 원 씨 자신을 부르는 꿈이었던 모양이다.

"그래 원 씨는 결국 당신의 아버지 곁으로 돌아가신 거야. 당신의 아버지께서 아들을 따뜻하고 평안한 곳으로 데려가신 거야. 어쩌면 원 씨는 그렇게 빨리 당신의 아버지 곁으로 잘 가셨는지도 모르지……."

그날 밤 나는 그렇게라도 원 씨를 추모하며 눈물을 삼켰다. 그리고 기필코 이 지옥 같은 탄광에서 탈출할 것을 결심했다. 원 씨의 충격적인 죽음이, 어쩌면 나 자신을 더 강하게 만들었는지도 모른다. 그날부터 나는 자나 깨나 탈출할 궁리만 했던 것이다.

며칠 뒤 나는 야마다山田 경찰서에 출두했다. 일본인 감독 네 명과 함께 원 씨의 죽음을 증언하기 위해서였다. 내가 증인으로 출두한 것은, 내가 원 씨와 가장 가까운 사이였을 뿐만 아니라 노무자들 중에서는 일본말을 가장 잘하는 편이었기 때문이다.

형사들은 우리들을 한 사람씩 차례로 불러 조서를 받았다. 내 차례는 맨마지막이었다. 형사는 내게 입국 사실부터 물었다.

"언제 입국했느냐"

"예. 지난해 11월 초에 입국했습니다."

"조선에서는 무엇을 했느냐?"

"농사를 지었습니다."

"고향은 어디냐?"

"전라도 영암입니다."

"몇 살 먹었느냐"

"설 쇠면 열일곱입니다. 아니 일본 설이 지났으니 열일곱입니다."

내 나이를 받아 적던 형사는 멈칫했다. 그리고 되물었다.

"원래 만 17세 이상만 징용되지 않느냐. 너 거짓말 하는 거 아니냐?"

그러나 나는 정말이라고 했다. 그리고 아직 징용될 나이가 아닌데, 영장이 나와 어쩔 수 없이 이곳에 오게 됐다고 부연 설명까지 해주었다.

고개를 끄덕인 형사는 비로소 원 씨가 죽은 사실에 대해서 묻기 시작했다.

"원 씨가 발파 사고로 죽은 것이 확실하냐?"

29

"예. 확실합니다."

"네가 그 상황을 직접 목격했느냐?"

"예. 직접 보았습니다."

"그러면 어디 그 당시 상황을 제시해 설명해 보아라."

나는 형사가 묻는 대로 그 당시 상황을 상세히 설명해 나갔다. 그리고 그 설명 끝에, 그날 원 씨의 죽음은 어디까지나 감독의 잘못이 컸다고 덧붙였다.

그 말을 들은 일본인 형사는 나를 쩨려보았다. 그리고는 갈라진 목소리로 되물었다.

"감독들의 잘못이 컸다고? 어째서 그러냐?"

형사의 반문을 받은 나는 발파 때의 안전수칙을 설명해 주었다. 그리고 그날 사고는 감독들이 그 발파 안전수칙을 안 지켰기 때문에 일어난 인위적인 사고였다고 주장했다.

나의 열띤 주장에 일본인 형사는 조서를 받다 말고 한참 동안 나를 쏘아보았다. 그러더니 "알았다" 하고는 일본인 감독들이 있는 곳으로 갔다.

형사는 감독들과 한동안 뭐라고 수군댔다. 그리곤 자기들끼리 낄낄거렸다. 원 씨의 죽음에 대한 심문은 그렇게 끝나고 말았다. 그리고 사고사事故死로 처리되었다.

감독들과 함께 탄광으로 되돌아가기 위해 경찰서 문을 나서는 순간, 나는 자꾸만 눈물이 나서 앞을 볼 수 없었다. 새삼스럽게 비통한 생각이 들었다.

나는 내가 원 씨의 불쌍한 죽음을 강변하면, 최소한 그 당시 발파 책임을 맡았던 감독 중에 한 명쯤은 경찰에 잡혀 들어갈 줄 알았다. 그러나 그들이 모두 아무 일도 없었다는 듯이 나를 데리고 다시 탄광으로 돌아가려 하자 가슴이 미어지게 아파 왔다.

우리들은 죽어도 사람 취급을 못 받는구나 하는 생각밖에 들지 않았다. 나는 끝내 눈물을 쏟고 말았다. 그걸 보고 한 감독이 내 어깨를 툭 치며, "이 자식아, 죽은 사람은 일찍 잊는 것이 좋은 법이다" 하고 나를 꾸짖었다.

합숙소로 돌아올 땐 걸어서 왔다. 경찰서에 갈 때는 기차를 타고 갔지만, 돌아올 때는 기차 시간이 맞지 않았던 것이다.

덕분에 나는 일본에 끌려온 뒤, 처음으로 맛있는 이밥(쌀밥)을 배불리 먹을 수 있었다.

감독들과 함께 걸어서 합숙소로 돌아오는 길이었다. 철길을 타고 터벅터벅 걸어가는데 한 감독이 문득, "우리 저기 가서 밥을 먹고 가자"고 했다. 자기 친척집이 그곳에 있다는 것이었다.

나머지 세 감독이 좋다고 맞장구를 쳤다. 나는 그들을 따라

한 농가로 들어갔다. 전형적인 농촌 집이었다. 그러나 우리나라의 농촌 집보다는 퍽 깨끗하게 꾸미고 있었다.

밥을 먹고 가자고 했던 감독이 주인을 부르자, 한 아주머니가 나왔다. 그들은 반갑게 인사했다. 그 감독은 경찰서에 왔다 가는 길인데 밥 좀 지어 달라고 했다.

30

생각해 보니 우리는 그때 점심을 굶었었다. 형사에게 취조를 받느라 점심 때를 넘긴 것이다.

아주머니가 흰 쌀밥을 수북이 지어 왔다. 감독들과 함께 나는 그 밥을 맛있게 먹었다. 고향집에서도 먹어보지 못했던 기름진 이밥이었다.

오랜만에 쌀밥을 보자 나는 정신없이 먹어댔다. 내가 하도 게걸스럽게 먹는 것을 보고 아주머니가 불쌍한 생각이 들었던지 쌀밥 한 그릇을 슬쩍 더 내밀었다. 나는 그것까지도 순식간에 먹어치웠다.

정말 얼마 만에 먹어 본 이밥인가? 정말 얼마 만에 배불리 맛보는 흰 쌀밥인가? 기실 나는 거의 영양실조에 걸려 있었다. 나뿐만이 아니었다. 함께 징용돼 온 동료들도 모두 허기에 지쳐 있었다. 우리는 정말 그 당시 피골이 상접해 있었다.

생각이 문득 거기에 미치자 나는 또 눈시울이 촉촉해졌다. 그리고 다시 원 씨 생각이 났다. 방금 먹었던 그 쌀밥은 원 씨가 하늘에서 내려준 밥이었던 것 같았다. 일본 설날 창고에서 몰래 주었던 그 찰떡처럼, 원 씨가 또 나에게만 몰래 쌀밥을 숨겨준 것만 같았다. 아, 죽어서도 원 씨는 나를 보살피고 있구나…….

원 씨의 죽음은 내게 그날 하루를 정말 편히 쉬게 해주었다. 그리고 징용 후 처음으로 쌀밥을 배불리 먹여 주었다. 그것도 고향에서도 먹어보기 힘들었던 흰 쌀밥을…….

밥을 먹은 일행은 다시 탄광으로 향했다. 철길 주변으로는 계속해서 농촌 풍경이 이어졌다. 일본 농촌 풍경은 우리나라의 농촌 풍경과 비슷했다. 그러나 집이 더 깨끗하고 농지 정리가 더 잘 돼 있었다.

일본 농촌 풍경을 구경하며 합숙소로 가는 동안, 줄곧 나는 고향에 돌아온 것 같은 착각을 했다. 논길이며 실개천, 이따금씩 마주치는 농부들의 모습은 내 고향길 마을 풍경과 하나도 다를 게 없었던 것이다.

합숙소에 돌아온 것은 저녁때가 지나서였다. 합숙소는 텅 비어 있었다. 그때까지도 막장 일이 끝나지 않은 탓이었다.

나는 텅 빈 내무반으로 갔다. 그리고 동료들을 기다렸다. 그런데 어느 순간 잠이 들었던 모양이었다. 누가 나를 흔들어 깨웠다. 동료들이었다.

시커멓게 탄가루가 묻은 동료들의 얼굴을 보자 나는 무척 겸

연쩍었다. 동료들은 막장에서 죽음과 싸우고 있는 동안, 세상 모르고 곯아떨어진 나 자신이 퍽 미안했던 것이다. 하기야 느닷없이 밥을 배불리 먹은 데다 먼 길을 걸어왔으니, 노곤할 법도 했지만.

동료들은 나에게 경찰서에서의 일을 물었다. 어떻게 됐느냐고.

나는 동료들에게 경찰서에서의 일을 자세히 들려주었다. 그리고 사고사로 처리되었다고 말을 끝냈다. 그러나 끝내 내가 쌀밥을 배불리 먹었다는 이야기는 하지 못했다.

꿈에서도 그리운 고향

31

구타 사고, 발파 사고, 낙반 사고는 열흘이 멀다하고 빈번히 일어났다. 그리고 그때마다 동료들은 병신이 되거나, 송장으로 죽어나갔다.

그러나 노무자들은 자꾸만 불어났다. 그 많은 노무자들을 어디서 어떻게 끌어오는지, 탄광촌은 항상 새로 온 동포 인부들로 만원을 이루었다.

신참 노무자들이 들어올 때마다 나는 습관처럼 그들의 고향을 물었다. 혹시라도 내 고향에서 온 사람이 있나 해서였다.

신참 노무자들은 경기도에서 가장 많이 끌려왔다. 그 다음으로 경상도, 전라도 사람들이었다. 그러나 내 고향에서 끌려온 사람들은 좀체 만날 수가 없었다.

그러던 1944년 2월 중순쯤의 어느 날이었다.

그날도 밤늦게까지 석탄을 캔 뒤, 딱정벌레 같은 몰골로 합숙소에 돌아와 보니, 한 떼의 신참 징용자들이 들어와 있었다. 대부분 내 또래들이었다.

나는 목욕을 한 뒤, 밥 먹는 것도 잊은 채 그들에게 달려갔다. 그리고 댓바람에 어디서 왔느냐고 물었다. 그러나 그들은 내가 묻는 말엔 대꾸도 없이, 내 얼굴만 뚫어지게 바라보았다. 그러다가 한 소년이 조심스럽게 되묻는 거였다.

"당신도 사람입니까?"

어리둥절해서 나는 그 신참 징용자를 잠시 바라보았다. 그러곤 내 모습을 찬찬히 살펴보았다.

목욕을 하고 국민복으로 갈아입었지만, 그들의 눈엔 내 꼬락서니가 말이 아니게 보였던 모양이었다. 기실 우리는 막장 일이 끝나고 나면 곧바로 합숙소에 돌아와 목욕을 했지만, 그 탄가루가 깨끗이 씻겨질 리는 만무했다. 땀구멍마다 틀어박힌 시커먼 탄가루는, 깨끗한 물로 아무리 씻고 닦아내도 지워지질 않았다. 아프리카 흑인들도 우리보다는 더 하얗고 깨끗할 터였다.

뿐만 아니었다. 날마다 죽만 먹은 채, 허기진 배를 움켜쥐고 하루 15시간씩의 중노동에 시달린 우리들은 거의 모두가 가죽과 뼈만 남아있는 상태였다. 두 눈은 퀭하고, 해골처럼 얼굴은 비쭉 마르고, 어깨뼈는 앙상하고, 피골이 상접하다는 말은 바로 우리를 두고 하는 말일 터였다. 신참 징용자들은 마른 옥수숫대처럼 깡마른 내 모습을 보고 기가 질렸던 것이다.

험상궂게 생긴 내 몰골을 잠시 뜯어본 뒤, 나는 그들에게 말했다.

"나도 여러분들과 똑같이 조선에서 징용돼온 사람이오. 여러분들도 이곳에서 일하다 보면 나처럼 될 것이오."

내 말을 듣는 순간 신참 징용자들은 여기저기서 땅이 꺼지게 한숨을 내뿜었다가 다시 침묵했다.

그들에게 나는 다시 말했다.

"내 고향은 전라도요. 그래서 혹시 여러분 중에 내 고향 사람이 있는가 해서 고향을 물어보는 겁니다."

32

내 말이 떨어지기가 바쁘게 앞에 있던 한 소년이 탄성을 질렀다.

"전라도요? 우리도 전라도에서 왔는디요?"

반가웠다. 나는 다급히 되물었다.

"그래요? 그럼 전라도 어디에서 왔는디요?"

그 소년이 다시 대답했다.

"여러 군데서 왔지라우. 함평에서도 오고, 영광, 해남, 무안, 장흥…… 전라도 곳곳에서 왔습니다. 그리고 나는 보성에서 왔구만요."

다급하게 나는 다시 물었다.

"그러면 여러분들 중에 혹시 영암에서 온 사람 있소?"

내 말이 떨어지자, 대여섯 명이 영암에서 왔다고 손을 들었다. 나는 그들 앞으로 쫓아갔다. 그리고 손을 덥석 잡고, 미친 듯이 고향 안부를 물었다. 아, 얼마 만에 만난 고향사람들인가. 정말 반가웠다. 나는 마치 고향 친구들을 다시 만난 것 같았다.

그들을 붙잡고 나는 비 오듯 눈물을 쏟았다. 하염없이 울었다. 그리고 그 눈물 속으로 문득 파랗게 비쳐드는 월출산 하늘은 언제나 파랬다. 그리고 문득 국민학교 6학년 때 월출산으로 가을소풍을 갔던 일이 생각났다.

마지막 가을소풍이어서 그랬던지, 그때 나는 무척 그 가을소풍을 기다렸었다.

그런데 그 가을소풍 바로 전날, 월출산 하늘이 갑자기 새까맣게 변하더니 억수 같은 비가 쏟아졌다.

가을비는 오후 내내 쏟아졌다. 밤에도 비는 장대처럼 퍼부었다. 아마 그때 나는 처음이자 마지막으로 월출산을 저주했었으리라.

"월출산아, 내 마음을 그렇게도 몰라주냐. 내 마지막 가을소풍을 그렇게 무참히 짓밟아버리느냐. 월출산아, 제발 비 좀 그쳐다오. 비만 그쳐 준다면 이 다음에 뭐라도 하마. 너를 위해 목숨이라도 바치라고 하면 기꺼이 바치마."

그날 밤 나는 걱정과 불안으로 정말 한숨도 자지 못했다. 기다리고 기다리던 내 초등학교 시절의 마지막 소풍이, 그렇게 허망하게 끝나버린다는 절망감에 밤새 울었다. 그런 내 모습을 보고 어머니는 그때, "똥구녕이 찢어지게 가난한 녀석이 소풍이 뭐가 좋다고 그렇게 안달하느냐"고 꾸짖기까지 했었다.

그날 밤늦도록 눈물을 찔끔거리다가, 나는 새벽녘에야 스르르 잠이 들었다. 그리고 다음 날 아침, 어머니께서 "소풍가라"고 깨울 때야 비로소 눈을 떴다.

그랬다. 정말 거짓말 같았었다. 다음 날 아침 월출산 하늘은, 내가 언제 그렇게 장대비를 퍼부었냐 싶게 맑게 개어 있었다. 바다처럼 파랗게 출렁거리고 있었다.

그날 아침 나는 새삼스럽게 다시 눈물을 흘렸다. 그리고 내 소원을 들어준 월출산 산신령님께 감사하고 또 감사해 했다.

33

고향에서 신참 징용자들이 들어온 그날 밤, 나는 잠을 이루지 못했다. 눈을 감으면 머릿속으로 주마등처럼 고향 정경이 흘러갔다. 그리운 월출산, 넓은 구림평야, 맑은 실개천 그리고 토담집과 할머니, 부모님 얼굴들이 차례대로 스쳐갔다.

새벽이 다 되도록 나는 고향 생각으로 잠자리를 뒤척였다. 그러다가 가까스로 잠든 새벽, 나는 문득 고향을 보았다. 동네 친구들과 함께 나는 실개천에서 멱을 감고 있었다. 쇠똥이, 덕배,

돌석이 그리고 옆집 가시내도 있었다.

우리들의 발가벗은 몸엔 물방울이 튀기고 있었다. 맑은 실개천 물방울이 햇살에 찬란하게 부서지고 있었다.

시간 가는 줄 모르고 우리는 물장구를 쳤다. 나도 입술이 파래지도록 물장구를 치며 놀았다.

그런데 얼마나 시간이 흘렀을까. 정신없이 물장구를 치고 있는데 날이 저물었다. 그리고 동네 친구들은 어느새 돌아갔는지 실개천엔 나 혼자 남아 있었다.

나는 더럭 겁이 났다. 문득 할머니 말씀이 떠올랐다.

"이 녀석아, 실개천에서 혼자 멱 감으면 물구신(귀신)이 잡아간다." 그 말이 생각나자 나는 갑자기 소름이 돋았다. 집으로 돌아가기 위해 나는 부랴부랴 실개천을 헤엄쳐 나왔다. 그런데 아무리 헤엄쳐도 물가가 나타나지 않았다. 그리고 실개천 물은 되려 점점 깊어져 갔다.

나는 할메를 힘껏 소리쳐 부르며, 죽을 힘을 다해 팔을 저었다. 그러나 내 몸뚱아리는 꼼짝도 하지 않은 채, 나는 점점 더 깊은 물속으로 빨려 들어가고 있었다.

나는 물귀신에게 애원했다.

"물구신님, 물구신님. 제발 한 번만 용서해 주십시오. 다시는 혼자서 멱을 감지 않겠습니다. 한 번만 용서해 주시면, 앞으로는 할머님 말씀 잘 듣고 훌륭한 사람이 되겠습니다."

그러나 나의 간절한 애원에도 아랑곳없이, 물귀신은 점점 세게 내 발목을 잡아당겼다. 나는 도망치려고 발버둥을 쳤다. 그러나 물귀신의 힘이 어찌나 센지, 나는 한 치도 물 밖으로 빠져나가질 못했다.

내 몸통이 빨려 들어가고, 가슴이 빨려 들어가고, 이윽고 목이 빨려 들어갈 차례였다. 그때 갑자기 누가 나를 흔들어 깨웠다.

"야, 상업아. 일어나라, 일어나. 무슨 꿈을 그렇게 험하게 꾸냐? 헛소리를 다 하고."

어느새 아침이었다. 그리고 나의 이부자리엔 식은땀이 축축이 배 있었다.

그날 나는 온종일 머리가 무거웠다. 막장에서 탄을 캐면서도 그 꿈이 머릿속을 떠나지 않았다. 고향에 무슨 일이 생긴걸까? 아니면 오늘 나에게 무슨 사고가 생길까. 광차를 미는 손길은 무겁기만 했다.

34

그 며칠 뒤였다. 그날도 나는 잠자리를 뒤척이며, 고향 생각에 잠겨 있었다. 고향에서 온 신참 징용자들을 만난 후로 고향 생각에 젖는 일이 부쩍 잦아졌다.

그런데 옆자리에 누워 있던 한 동료가 내 귀에 대고 낮게 속삭였다. 조금 전에 변소에 갔다 오는데 경기도에서 온 노무자 한 명이 도망치다 개에게 물리는 것을 보았다고, 그런데 죽었는지 살았는지 모르겠다고. 목덜미에서 피가 뿜어나온 걸로 봐서는 아마 틀림없이 죽었을 것 같다고. 그 동료는 상기된 표정으로 재빨리 속삭였다.

그 말을 듣는 순간 나는 문득 오줌이 마렵다 못해 참을 수 없을 만큼 허리를 찔러왔다.

나는 벌떡 일어나 복도로 갔다. 복도에는 항상 일본인의 하수인 노릇을 하는 한국인 반장들이 의자에 앉아 교대로 우리를 감시하고 있었다. 나는 한국인 반장에게 갔다.

"반장님, 변소에 좀 다녀오겠습니다."

내 말을 들은 내무반장은 나를 째려보더니, 단칼에 안 된다고 잘라 말했다.

내가 다시 이유를 묻자 그 내무반장은 귀찮다는 표정으로, 좀 전에 한 놈이 변소에 간다고 갔다가 도망치는 바람에 지금 비상이 걸려 있다는 것이다.

하는 수 없이 나는 다시 잠자리로 되돌아왔다. 그러나 한번 허리를 찌르기 시작한 요의尿意는 좀처럼 멈출 줄 몰랐다. 오줌을 참을수록 허리 통증은 더욱 심해졌다. 그래도 안간힘을 다해 참고 있자, 이번에는 횟배(회충으로 인한 배앓이)가 아프기 시작했다.

나는 다시 복도로 나갔다. 그리고 죽을상을 지으며 내무반장에게 매달렸다. 오줌을 참고 있으려니까 이제는 배까지 아프다고, 금방 돌아올 테니 제발 좀 보내달라고 애원했다.

통사정하는 나를 한동안 노려보던 내무반장은 1분 이내에 일을 마치고 오라며 허락해주었다.

나는 부리나케 변소로 달려갔다. 그러나 오줌을 누려고 했지만 웬일인지 오줌이 잘 나오지가 않았다. 아랫배에 힘을 줄수록 횟배가 더욱 아팠다.

나는 변기통에 앉았다. 그리고 한참을 끙끙거렸지만, 횟배는 좀처럼 가라앉지 않았다.

얼마나 시간이 흘렀을까. 그때까지도 용변을 보지 못한 채 변기통 위에서 끙끙거리고 있는데, 내무반장이 나를 찾는 소리가 들렸다. 변소 갔다 올 시간이 한참 지났어도 내가 돌아오질 않자 내무반장이 혹시 내가 도망치지 않았나 해서 찾으러 온 것이었다.

나는 서둘러 허리띠를 동여매고 변소 밖으로 나왔다. 내무반장은 나를 보자마자 귀싸대기를 올려붙이고는 정강이뼈를 걸어 찼다.

"야, 이 자식아. 너 도망치려고 변소에 갔지"라며, 사정을 설명할 틈도 없이 구타를 해댔다.

1차 탈출 시도

35

묵사발이 되도록 내무반장에게 두들겨 맞은 날 밤, 나는 잠자리에서, 어떻게 해서든지 그곳을 벗어나야겠다는 결심을 굳혔다. 변소에 갔다가 늦었다고 해서 그렇게 인정사정 없이 구타를 하다니 인격도 없고 인권도 없고, 짐승만도 못한 구차한 삶이라면 차라리 도망치다 죽는 편이 더 낫겠다는 생각이 들었던 것이다.

문득 얼마 전에 원 씨 사고로 경찰서에 갔다 오다 일본인 감독 친척집에서 먹었던 하얀 쌀밥이 생각났다. 우리나라 농촌에서는 공출(供出, 곡식이나 필요한 물자를 강제적으로 거두어들이는 것)이네 성출(誠出, 금품을 자진해서 성의껏 내놓음)이네 하여 쌀 한 톨 남겨두지 않고 모조리 걷어가는데, 일본 농촌에서는 그렇게 하얗고 기름진 쌀밥을 해먹고 살다니…….

농촌뿐만 아니었다. '성전을 승리로 이끌기 위한 황국신민의 영예로운 산업전사'라는 명목으로 징용해온 우리들을 보라. 우리들의 몰골을 보라. 우리가 인간인가? 동물인가?

아침 저녁으로 죽만 공급해서 허기지게 한 것은 무엇이며, 뼈와 가죽만 남은 우리를 혹사하는 것은 고사하고 조금만 마음에 안 들어도 짐승처럼 두들겨 패는 저들의 정체는 무엇인가? 그것이 그들이 말하는 내선일체內鮮一體이기는 한 것인가? 그리고 또 일본말 좀 할 줄 안다고 일본인의 주구走狗 노릇을 하는 한국인 반장들은 또 무엇인가?

나는 결심했다. 인간을 멸시하는 그 제도와, 인간을 짐승만도 못하게 취급하는 일본인의 야수성, 한국인 반장들의 야비함, 그리고 성전을 위한 미쓰비시 탄광의 징용 생활은 모든 것이 다 악령이다! 그 악령에서 도망치자! 도망치다 잡혀 죽을지라도 해방의 몸이 되어 보자! 더는 탄광 생활을 견뎌낼 수가 없다. 차라리 죽음을 택하겠다…….

그날 밤을 뜬눈으로 지샌 나는 다음 날 아침, 몸이 아파 도저히 일을 못 나가겠다며 침상에 누워 있었다. 그러자 간밤에 나를 무참히 구타했던 내무반장이 내 상태를 살펴보고 갔다. 그리고 그날 나는 입갱이 면제되었다.

그날 온종일 나는 침상에 누워 궁리했다. 어떻게 하면 무사히 이곳을 벗어날 수 있을까? 복도를 지키는 내무반장과 철조망을 지키는 셰퍼드 떼를 어떻게 따돌리고, 이 죽음의 미쓰비시 탄광촌을 빠져나갈까?

그러다가는 잠이 들었고, 잠이 깨면 다시 도망칠 연구에 골몰했다.

이윽고 밤이 오고, 동료들이 막장에서 돌아왔다. 기운 없이 누워 있는 나를 보고 동료들이 몰래 죽 한 사발을 가져다주었다. 갱坑에 들어가지 않으면 죽도 주지 않는 곳이었다. 나는 동료들의 뜨거운 정이 새삼 고마워 눈물을 글썽이며, 그 죽을 후딱 먹어치우고는 이 밤으로 어떻게 해서든지 그 죽음의 능선을 벗어나겠다고 다짐했다.

36

밤 10시쯤, 취침 시간이 되자마자 모두가 금세 녹아 떨어졌다. 혼곤한 잠속으로. 그러나 나는 좀체 잠을 이룰 수가 없었다. 시간이 흐를수록 의식이 점점 또렷해졌다. 아프다는 평계로 갱에 들어가지 않고 그날 온종일 잠을 자둔 탓이었다.

도망칠 궁리로 엎치락뒤치락하고 있는데, 내무반장이 우리들의 취침 상태를 점검하러 왔다. 나는 재빨리 잠든 척했다. 내무반장은 한참 동안 우리들의 취침 상태를 점검한 뒤, 복도로 나갔다. 내무반장은 이제 복도 중앙에 있는 의자에 앉아, 밤새 우리를 감시하리라.

내무반장이 나가고 나자, 나는 다시 엎치락거리며 생각을 굴리기 시작했다. 어떻게 해야 저 복도의 내무반장을 속이고 합숙소를 빠져나갈 수 있을까. 그리고 저 무서운 셰퍼드 떼는 어떻게 따돌려야만 무사히 철조망을 넘어갈 수 있을까. 그러나 아무리 생각을 굴려도 묘안은 좀처럼 떠오르지 않았다.

나는 탈출하는 것을 단념할까도 생각해 보았다. 문득 얼마 전, 원 씨가 죽기 전에 비밀스럽게 해 주었던 말이 생각났던 것이다. '일본이 곧 패망할지 모른다. 그러니 그때까지는 어떻게 해서든지 목숨을 부지해라…….' 그 말이 떠오르자 나는 탈출할 용기가 도무지 생기지를 않았던 것이다.

또한 설혹 내무반장을 감쪽같이 속이고 합숙소를 빠져나간다고 해도, 셰퍼드 떼가 문제였다. 송아지만한 저 셰퍼드 떼에 발각돼 얼마나 많은 동료들이 비참하게 죽어갔던가. 생각만 해도 몸서리가 쳐졌다.

그러나 나는 단호히 고개를 내저었다. 안 된다. 더 이상은 이렇게 굴욕적으로 살 수가 없다. 짐승처럼 살 수는 없다. 가다가 죽더라도 인간이 되자. 죽음일망정 인간이나 한번 되어보자. 나에게는 월출산 산신령님이 계신다. 저 어린 날, 월출산 산신령님이 나를 보살펴 주셨듯이 오늘 밤에도 나를 보살펴 주실 것이다. 그래, 가자. 가다가 잡혀 죽을지라도 이 죽음의 굴레를 벗어나자. 어둡고 긴 이 억압과 착취의 그늘을 벗어나 해방과 자유의 햇빛 광장으로 분연히 나서자. 운명은 하늘에 있는 것, 모든 것은 하늘과 고국의 월출산 산신령님에게 맡기고, 지옥의 이 사지死地를 벗어나자. 생각을 그렇게 다잡는 동안 자정이 넘었다. 그리고 새벽 1시 무렵이 되었다.

나는 조용히 자리에서 일어났다. 그리고 내무반을 한 바퀴 휘 둘러보았다. 동료들은 여전히 코를 골며, 혼곤한 잠속에 빠져 있었다. 동료들은 누가 떠메고 가도 깨어나지 않을 터였다.

나는 깨금발로 살쾡이처럼 살금살금 걸어서 복도로 나갔다. 내무반장은 복도 중앙의 의자에 석상처럼 앉아서 졸고 있었다.

등골엔 벌써 식은땀이 괴어 들었다. 조심스럽게 나는 내무반 장 옆을 지나쳤다. 이제 복도 문만 열고 나가면 1차 관문은 무사 히 통과하는 셈이었다.

37

복도문을 막 여는 순간이었다. 뒤에서 갑자기 날카로운 고함 소리가 들렸다.

"얏, 이 자식아. 너 지금 어디 가냐?"

어느새 깼는지 졸고 있던 내무반장이 내 등 뒤에 서 있었다. 나는 오금이 얼어붙었다.

"옛, 변소에 가는 길입니다."

"이 새끼. 거짓말 하지 맛! 변소에 가는데 왜 문 밖으로 나가 려고 하느냐? 너 지금 도망치려고 했지?"

"아 아닙니다. 잠결에 변소를 잘못 찾았는가 봅니다."

내무반장은 내 말이 끝나기가 무섭게 귀싸대기를 후려쳤다.

"이 자식 봐라. 계속 거짓말 하네. 어젯밤부터 이 자식아, 네 놈 행동이 퍽 수상쩍었다. 요씨, 네놈 '곤조'를 고쳐주마."

벽력같은 고함과 함께 내무반장은 미친 듯이 나를 두들겨 패기 시작했다. 기실 변소는 복도문과 정반대 쪽에 있었다. 그리고 누가 봐도 내 행동은 도망치기 위한 것으로밖에 보이지 않을 터였다.

나는 더는 변명하지 않았다. 잘못했다고 빌지도 않았다. 내 운명이 그것이라면 차라리, 그 내무반장에게 두들겨 맞아 죽고 싶었다.

내가 아무 소리 없이 두들겨 맞자, 내무반장은 더욱 흥분한 모양이었다. 그리곤 주먹과 발로는 성이 차지 않았던지 의자를 집어 들었다. 그리고 그 의자로 내리쳤다.

"이 지독한 새끼야. 어서 잘못했다고 빌어라. 살려달라고 빌란 말이야!"

의자에 맞은 나는 복도에 쓰러졌다. 그리고 가물거리는 의식 사이로 동료들의 겁에 질린 얼굴을 보았다.

다음 날 오전, 나는 초주검이 된 상태로 내무반에 누워 있었다. 동료들은 모두 막장에 갔는지, 내무반은 텅 비어 있었다. 나는 눈물이 주르륵 쏟아졌다. 몸을 조금도 움직일 수가 없었다. 내가 살아 있다는 것이 꿈결 같았다. 내무반장에게 의자로 두들겨 맞은 것까지는 기억이 나는데, 그 뒤로는 통 기억해낼 수가 없었다. 아마 혼절한 나를 동료들이 떠메다 침상에 눕혀 놓았을 터였다. 비참하고 참담했다.

오열을 삼키고 있는데, 문득 생전에 원 씨와 친했던 식당 아주머니가 나타났다. 그리곤 쌀죽 한 사발을 내밀었다.

"뭐 하려고 도망치려고 했소. 당신이 다 죽는 줄로만 알았답니다. 몰래 가져온 죽이니 어서 먹고 정신 차리세요"

생전의 원 씨와 내가 가장 친했던 정을 생각해서, 그 식당 아주머니가 몰래 찾아온 것이었다.

나는 식당 아주머니가 떠주는 쌀죽을 삼키며 비 오듯 눈물을 흘렸다. 몸을 움직일 수는 없었지만, 죽지는 않을 것 같았다.

죽을 먹는 동안 나는 자괴감에 빠졌다. 이 미련한 녀석아, 그렇게 허망하게 들켜버리냐. 내무반도 벗어나지 못하고 잡혀버리다니…….

아무튼 나의 제1차 탈출은 그렇게 허무하게, 참담한 실패로 끝나 버리고 말았다.

철조망을 넘어

38

1차 탈출이 실패로 끝나고 난 뒤, 10여 일 동안 나는 침상에 누워 지냈다. 뼈가 부러지고 큰 상처가 난데는 없었지만, 장독杖毒이 들어 온몸이 부어 오른데다, 좀처럼 기운을 차릴 수가 없었던 것이다. 뒤에 들은 이야기지만, 동료들은 모두들 그때 내가 죽을 걸로만 생각했다고 했다.

그러나 인간의 목숨은 참으로 모진 것인가 보다. 식당 아주머니와 동료들이 몰래몰래 가져다주는 죽을 먹으며, 나는 조금씩 기운을 추스렸다. 그리고 10일째 되는 날에는 어느 정도 생기를 되찾았다.

11일째 되는 날, 나 스스로 입갱을 자처해서 다시 막장에 투입됐다. 더는 식당 아주머니와 동료들의 신세를 지기 싫었다.

그러나 나는 이미 요주의 인물로 낙인이 찍혔다. 막장에서나 합숙소에서 내가 조금만 이상한 행동을 해도 감독과 내무반장

95

의 주먹이 날아들었다. 나는 당분간 모든 것을 포기하기로 했다. 결정적인 기회가 올 때까지 누구보다도 충성스럽게, 열심히 탄을 캐기로 했다. 그들의 감시가 느슨해질 때까지 나는 가장 충성스럽고 모범적인 노무자가 되어야만 했다.

내가 누구보다도 열심히 탄을 캐고, 그들의 말을 잘 듣자, 감시의 강도는 서서히 느슨해졌다. 그리고 어느덧 꽃이 피고, 여름이 가고, 늦가을이 되었다. 죽음의 미쓰비시 탄광에 징용돼 온 지도 벌써 1년이 다 되었다.

그동안 수많은 동료들이 사고로 죽어 나가고, 탈출하다 개에 물려 죽거나 내무반장들에게 구타를 당해 병신이 되었다. 사고로 죽거나 개에 물려 죽은 동료들은 대부분 '병사病死'로 처리되었다. 설령 죽지 않고 살아남은 동료들은 병신이 되었다. 그러나 병신이 되었다고 해서 그 죽음의 미쓰비시 탄광을 벗어날 수는 없었다. 병신이 된 동료들은 귀국 대신 대부분 선탄부로 재배치되어 징용 생활을 계속해야 했다.

많은 동료들이 죽어 나가고 그 자리를 또 새로운 징용자들이 메워 나가는 동안 감시자들의 뇌리에서 나의 첫 탈출 시도는 서서히 잊혀져 갔다. 그러나 나는 한 번도 탈출이라는 두 글자를 잊어 본 적이 없었다. 겉으로는 그들의 충견 노릇을 하면서도 결정적인 탈출 기회가 무르익을 때를 기다리고 있었다. 그때를 위해 용의주도하게 다가올 탈출 준비를 해나갔다.

1944년 11월 하순. 징용 생활을 시작한 지 꼬박 1년이 넘었다. 그리고 마침내 운명의 날이 다시 찾아왔다. 첫 탈출의 허무한 실패를 거울 삼아 그동안 합숙소 구조와 탈출로를 면밀히 파악해 두었던 나는 보름달이 뜨는 날을 기다렸다. 조그만 보퉁이 하나와 약간의 비상금도 준비해둔 채.

39

마침내 맞이한 그날은 보름달이 뜨는 날이었다.

태평양에서의 전황이 막바지에 이르면서부터 일본인 감독들은 우리를 하루 24시간씩 2교대로 막장에 투입했다. 마침 내가 석양에 입갱할 차례였던 날이다.

점심밥을 먹은 직후 나는 꾀를 냈다. 창백한 얼굴을 하고 나는 배를 움켜쥔 채 내무반장을 찾아갔다. 점심밥을 먹고 나자 갑자기 배가 아파 죽겠다며, 약을 좀 달라고 통사정했다. 그때는 어느 정도 나에 대한 감시의 눈초리가 느슨해졌을텐데도 내무반장은 미심쩍은 눈초리로 내 거동을 유심히 살피고는 거짓말하지 말라며 내 정강이뼈를 걸어찼다.

안 되겠다 싶어 나는 곧바로 내무반으로 돌아왔다. 그러고는 배를 움켜쥔 채 침낭을 데굴데굴 구르며 배 아파 죽겠다고 소리쳤다.

동료들이 몰려들고 곧 내무반장이 쫓아왔다. 나는 더 크게 소리치며 침상 바닥을 굴렀다. 그러면서도 내 감각은 온통 내무반장에 쏠려 있었다. 그가 어떻게 나오느냐에 따라 다음 행동을 준비해야 했기 때문이다.

내 모습을 지켜보던 내무반장은 침상 앞으로 바짝 다가서서는 낮게 갈라진 목소리로 물었다.

"야, 정말로 아프냐?"

그 말을 듣자 내 꾀가 먹혀드는구나 싶어 내무반장의 물음에는 대꾸조차 하지 않고 더 큰 목청으로 복통을 호소했다.

"아이구 배야! 아이구 배야!"

내무반장은 알았다는 듯 노무자를 불러 약을 타 오게 했다. 나는 죽을상을 지으며 그 알약을 먹었다. 완벽한 연극을 위해서는 생으로 약을 먹는 것쯤이야 대수롭지 않은 일이었다.

알약을 먹은 뒤에도 나는 한참을 더 침상을 굴러다녔다. 엉엉 소리 내 울기까지 하면서.

동료들이 침상에 이부자리를 깔고 나를 그 위에 눕혔다. 그럴수록 나는 더욱 완벽한 환자가 되어야 했다. 이부자리에 누운 나는 짐짓 기운이 빠진 목소리로 계속 앓는 소리를 냈다. 그쯤되면 누가 들어도 내 앓는 소리는 실감이 날 터였다.

한참 동안 앓는 소리를 내다가 나는 잠이 든 척했다. 내가 잠든 것 같자 내무반장은 동료들을 인솔해나갔다. 내가 꾀를 부리는 동안 어느새 오후 입갱 시간이 되었던 것이다. 나는 속으로 쾌재를 부르며 계속 잠든 척하고 있었다.

잠시 뒤 내무반장이 다시 와서 나를 흔들어 깨웠다.

"야, 지금도 배가 아프냐?"

나는 기운이 하나도 없는 목소리로 가느다랗게 대답했다.

"반장님, 죄송합니다. 오늘은 도저히 입갱하지 못할 것 같습니다. 내일 입갱해서 오늘 못한 일까지 다 하겠습니다."

그 말이 마음에 들었던지 내무반장은 고개를 끄덕인 뒤 밖으로 나갔다.

40

내무반장이 사라지자 나는 득의의 웃음을 지었다. 그만 하면 나의 연극은 일단 성공한 셈이었기 때문이다. 이번에는 제2단계 탈출 준비로 들어갈 차례.

나는 이부자리를 다시 편 뒤, 본격적으로 잠 잘 채비를 갖추었다. 야음夜陰을 틈타 도주하기 위해서는 미리 충분한 수면을 취해둘 필요가 있었기 때문이다. 탈출 계획을 세울 때, 처음부터 계산해 두었던 항목 중에 하나였다.

이부자리에 누워 속으로 나는 가만히 월출한 산신령님을 불렀다.

"산신령님, 이번에는 꼭 성공하게 해 주십시오. 이번에도 실패하면 저는 완전히 끝장입니다. 산신령님, 제가 탈출에 성공하

면 모든 것이 다 산신령님께서 점지해주신 것으로 믿고, 당신 품으로 돌아가겠습니다."

그런데, 예감이었을까. 월출산 산신령님께 비는 동안 나는 문득, 오늘 밤 탈출이 꼭 성공할 것이라는 확신이 들었다.

마음을 다잡고 나자, 잠은 쉽게 왔다. 그리고 나는 꿈을 꾸었다. 처음에는 금의환향錦衣還鄉 하는 꿈이었다. 양복을 입고 구두를 신고, 중절모자를 쓴 나는 귀국선을 타고 밤의 현해탄을 신나게 건너고 있었다. 바람마저 싱그러운 항해였다. 휘파람이 절로 났다.

이윽고 날이 밝았다. 그리고 멀리 고국산천이 보였다. 꿈에도 그리던 여수항이었다. 눈물로 징용을 가던 여수 부두였다. 아, 얼마나 보고 싶었던 조국 땅이었던가?

귀국선은 서서히 부두로 접어들었다. 나는 바쁘게 하선下船 채비를 했다. 한시라도 바삐 꿈의 조국 땅을 밟고 싶었다.

귀국선은 이윽고 여수 부두에 접안했다. 사람들이 배에서 내리기 시작했다. 나도 가방을 들고 그들을 따라 서둘러 내렸다.

그런데 웬일인가? 거기는 고국 땅이 아니었다. 여수 부두가 아니었다. 여수 부두에 첫발을 내딛는 순간, 그곳은 어느새 미쓰비시 탄광으로 변해 있었다. 죽음의 시커먼 미쓰비시 탄광으로 변해 있었다. 나보다 앞서 귀국선에서 내렸던 사람들도 모두 일본인 감독과 한국인 내무반장으로 변신해 있었다.

나는 소스라치게 놀랐다. 재빨리 나는 내 모습을 살펴보았다. 아아, 그런데 웬일인가? 나의 양복과 나의 구두와 나의 중절모자는 어느새 시커먼 작업복과 장화와 헬멧으로 변해 있었다. 그리고 나는 조그만 보따리를 들고 쫓기고 있었다.

감독과 내무반장과 무서운 셰퍼드 떼가 나를 쫓아왔다. 죽어라고 나는 달렸다. 그러나 거리는 점점 좁혀들었다.

41

바닷물이 목까지 차올랐다. 그런데 자세히 보니 바닷물은 시커멓게 반죽이 된 탄가루였다. 그 탄가루의 늪에서 나는 허우적거리고 있었다.

탄가루 죽이 턱까지 차올랐다. 숨이 컥컥 막혔다. 아, 이렇게 죽고 마는구나 생각하는 순간 온몸에 힘이 빠졌다. 그리고 나는 서서히 탄가루 늪 속으로 가라앉았다.

눈을 떴을 때, 내무반은 적막한 어둠 속에 잠겨 있었다. 악몽이었다. 두번 다시 꾸고 싶지 않은 지독한 악몽이었다.

꿈 때문이었는지 나는 문득 불길한 예감에 휩싸였다. 이번 탈출도 성공하지 못할 것 같다는 생각이 들었다. 나는 고개를 세차게 흔들었다. 안 돼. 오늘 밤에는 기필코 탈출해야 돼. 꿈은 정반대라고 하지 않았더냐.

다시 한번 고개를 세차게 흔든 나는 내무반을 휘 둘러보았다. 내 옆자리에는 석양에 교대하고 나온 동료들이 죽음 같은 잠에 빠져 코를 골고 있었다. 내가 길고 긴 악몽에 시달리는 동안, 어느새 밤이 깊었던 것이다.

나는 슬그머니 일어나 복도를 내다보았다. 내무반장이 복도 중앙 의자에 앉아 고개를 숙인 채, 꾸벅꾸벅 졸고 있었다.

나는 다시 복도 반대편에 있는 창문께로 갔다. 그러고는 유리와 나무로 된 미닫이 창문을 살짝 열었다.

아래층에서 떠들썩하는 소리가 들렸다. 식당 아주머니들이 밥 짓는 소리였다. 새벽에 교대해 나갈 노무자들의 쌀죽을 끓이고 있을 것이 분명했다.

바로 지금이었다. 내무반장도 졸고 있고, 아래층도 떠들썩하고, 소리 나지 않게 합숙소를 빠져나가기에 가장 좋을 듯싶었다.

나는 재빨리 자리로 돌아와 관물함을 열었다. 그리고 미리 싸 두었던 조그만 보따리와 숨겨둔 비상금을 찾아 담았다. 그리곤 다시 창문께로 갔다.

창문을 조금 더 열고 밖을 내다보았다. 예상했던 대로 밖은 환했다. 보름달이 뜬 덕분이었다. 보름달이 뜨는 날을 탈출 결행 날짜로 잡은 것도 바로 그 때문이었다. 달빛이 비추어주어야 셰퍼드 떼가 지키고 있는 곳을 피해 철조망을 타넘기가 용이했던 것이다.

나는 창문을 완전히 열었다. 그리고 철조망 부근을 살펴보았다. 셰퍼드 떼는 변소 쪽을 지키고 있었다.

한쪽 발부터 조심스럽게 나는 창문 밖으로 몸을 빼냈다. 그리고 창틀 바로 옆에 있는 빗물받이 홈통을 붙잡았다. 탈출 루트로 미리 파악해 둔 함석 홈통이었다.

빗물 홈통은 생각보다 단단했다. 나는 살쾡이처럼 그 홈통에 달라붙었다. 그리고 서서히 밑으로 미끄러졌다.

아무도 눈치 채지 못한 것 같았다. 땅바닥에 안착하자 나는 개구리처럼 납작하게 바닥에 엎드렸다. 그리고 동정을 살폈다. 세퍼드 떼도 아직 낌새를 알아채지 못했는지 변소 쪽에 그대로 있었다.

심호흡을 가다듬은 나는 잽싸게 철조망으로 뛰었다. 가시 철조망은 생각보다 높았다.

42

정신없이 철조망을 타 넘은 나는, 철조망 바깥쪽 땅바닥에 납작 엎드렸다. 세퍼드 떼는 그때까지도 낌새를 전혀 알아차리지 못한 것 같았다. 내가 땅바닥에 엎드렸을 때, 컹 하고 한 번 짖는 소리가 들렸을 뿐이었다.

엎드려 잠시 동정을 살핀 나는 동쪽에 있는 산을 향해 힘껏 뛰기 시작했다. 탈출 계획을 세울 때, 미리 파악해둔 도주 방향이었다.

탄광촌의 판잣집과 나무, 언덕 등을 은폐물 삼아 얼마쯤 달렸을까. 이윽고 나는 산 아래에 다다랐다.

나의 탈출은 일단 성공한 셈이었다. 나는 안도의 한숨을 내쉬었다. 그러나 긴장을 풀기는 아직 일렀다. 점호 시간이 되면 나의 탈출은 자연히 들통날 테고, 비상이 걸린 일본인 감독들과 내무반장은 무서운 셰퍼드 떼를 앞세우고 탄광촌 부근을 이 잡듯 뒤질 것이 뻔했기 때문이다.

다시 심호흡을 가다듬은 나는 산길을 오르기 시작했다. 보름달이 뜬 탓에 산길을 찾기는 쉬웠지만, 산등성이는 무척 가팔랐다.

능선을 따라 얼마쯤 오르자 엽차葉茶 밭이 나타나고, 집이 한 채 보였다. 독립 가옥이었다.

독립 가옥을 조심스럽게 지나쳐 조금 더 오르자 방공호가 나타났다. 북서풍이 너무 매서웠기 때문에 나는 일단 그 방공호 속으로 들어갔다.

방공호 속에 들어가 있자 긴장이 풀리며 졸음이 쏟아진다. 그러나 거기서 잠들면 끝장이다. 수색대에 발각되기 전에 먼저 얼어 죽을 것이다.

나는 다시 방공호를 나섰다. 능선 위로 뻗어 있는 고압선을 따라 계속 산길을 올랐다. 정상으로 갈수록 북서풍은 더욱 매섭게 몰아쳤다.

정상에 거의 다다랐을 때쯤 날이 밝아오면서 희끗희끗 눈발이 몰아쳤다. 사방을 내려다보니, 능선과 계곡마다 석탄 더미와

'보다' 더미가 시커멓게 들어차 있었다. 아직도 탄광촌을 완전히 벗어나지 못한 탓이다.

내가 탄광촌과 반대 방향으로 하산하기 시작했을 때쯤에는 나의 탈출이 탄로났을 터였다. 그리고 내무반장과 감독들은 셰퍼드 떼를 앞세우고 수색에 나섰을 것이었다.

얼마쯤 산길을 내려오자 도로가 나타났다. 그리고 농촌 마을이 보였다. 그러나 이른 아침이어서인지 마주치는 사람은 아무도 없었다.

아침밥 때쯤 되자 눈보라가 몰아쳤다. 그러나 웬일인지 눈발은 쌓이지 않고 땅에 내리는 즉시 금세 녹아버렸다.

눈보라를 맞으며 나는 계속 걸었다. 춥고 배고픈 여정이었지만, 탄광촌에서 한 발짝이라도 더 벗어나기 위해서는 이를 앙다물어야 했다.

43

점심 때쯤 되자 기적 소리가 들렸다. 그리고 작은 마을과 함께, 판자로 지은 역사驛舍가 나타났다. 간이역인 것 같았다.

둘러보다 보니 '이토다역糸田驛'이라고 쓰인 간판이 눈에 들어왔다. 나는 그 역 안으로 들어갔다.

시골 역이라 그런지 역 안은 썰렁했다. 기차를 타기 위해 기다리는 사람이 아무도 없었다.

다행이다 싶었다. 많은 사람들의 눈에 띄는 것보다는 할 수 있는 한 사람을 만나지 않는 게 좋다는 생각이 들었기 때문이다.

매표 창구에 예쁜 일본인 아가씨가 앉아 있었다. 무료함을 달래고 있었던 듯, 그 아가씨는 내가 창구 앞으로 다가서자 반갑게 눈인사를 지었다.

"어서 오십시오. 어디까지 가시렵니까?"

픽 귀엽고, 상글상글하게 생긴 아가씨였다. 나는 비상금과 함께 장흥 매형의 주소를 그 아가씨 앞에 내놓았다. 그리곤 큐슈九州 사가현佐賀縣 가와나미川南 우라사키조선소浦崎造船所까지 가려면 어떻게 가야 되느냐고 물었다. 장흥 매형(문철섭. 당시 23세)은 나보다 8개월 먼저 그곳에 징용을 가 있었다.

매표원 아가씨는 생긋 웃으며, 가는 길을 자세히 가르쳐 주었다. 그리고 우라사키浦崎행 차표를 끊어 주었다. 그 아가씨와 한 시간 정도 노닥거리고 있는데 기차가 왔다. 그 아가씨는 잘 다녀오라며 역 구내까지 나와 전송해 주었다. 내가 일본인인 줄 알았던 모양이다. 상냥하고 재미있는 아가씨였다.

기차에 오른 나는 잠시 동안 빈자리를 찾아다녔다. 전시이기는 했지만, 기차는 여행객들로 꽉 차 있었던 것이다. 그러나 여행객들은 대부분 상인과 군인들이었다. 그리고 사각모자를 쓴 대학생들도 많이 보였다.

내가 찾아 앉은 옆자리에는 해군 장교가 앉아 있었다. 한참 동안 묵묵히 가다가 해군 장교가 불쑥 말을 걸었다.

"도코마데 이키마스카?(어디까지 가십니까?)"

갑작스런 물음에 나는 당황했다. 그러나 겉으로 태연하게 대답했다.

"우라사키소션쇼마데 이키마스(우라사키 조선소까지 갑니다)."

내 대답을 들은 그 해군 장교는 반갑다며 자신은 '요과련予科練' 훈련(장교훈련)을 마치고 휴가를 갔다 오는 길이고, 고향에 갔더니 어머니께서 퍽 기뻐하시더라며 자랑스럽게 자신의 이야기를 늘어놓았다. 그러다가 그 장교는 내게 다시 물었다.

"후루사또와 도꼬데스까?"(고향이 어디십니까?)

나는 긴장했다. 고향을 바로 대야 할 것인가 둘러대야 할 것인가. 그러나 언뜻 떠오르는 일본 지명이 없었다. 내가 아는 지명이라고는 미쓰비시 탄광촌밖에 없었기 때문이다.

44

잠시 머뭇거린 나는 솔직히 대답해버리기로 했다. 괜히 일본 지명을 잘못 댔다간, 되려 골치가 아플 것 같았기 때문이었다. 또한 어설픈 거짓말로 내 정체가 탄로 나는 것보다는, 먼저 내 정체를 밝혀두는 것이 나중에 둘러대기에도 더 편할 것 같았다.

"예. 조선朝鮮입니다."

내 대답을 들은 해군 장교는 안색이 돌변했다. 뜻밖이라는 표정이었다. 그러나 나는 짐짓 여유 있게 웃었다. 그리고 말을 덧붙였다. 사실은 우라사키 조선소에 매형이 계시는데, 그곳에 취직하기 위해 어젯밤 연락선을 타고 왔다고.

내 일본말이 유창했던 탓인지, 아니면 내가 취직하러 왔다는 말이 마음에 들었던지 해군 장교는 금방 안색을 풀었다. 그리곤 고생이 많았겠다며, 얼굴이 퍽 핼쑥해 보인다는 생각지도 않은 말까지 해주었다. 나는 빙긋 웃으며, 뱃멀미를 하는 바람에 밥을 통 못 먹어서 그런가 보다고 맞대꾸해 주었다.

밥을 못 먹었다는 말에 그 해군 장교는 기차 선반에서 가방을 끄집어 내려 주먹밥 한 덩이를 꺼내 내밀었다. 자신의 어머니께서 싸주신 주먹밥이라 했다. 보기만 해도 군침이 도는 주먹밥이었다.

주먹밥은 정말 맛이 있었다. 깨소금을 쳐서 만들어서인지 정말 고소했다. 나는 사양하지 않고 그 주먹밥을 받아 순식간에 먹어 치웠다. 그것을 본 해군 장교는 "빠른데? 하나 더 줄까?" 하면서 주먹밥 한 개를 더 내밀었다. 염치 불구하고 나는 두 번째 주먹밥까지 게걸스럽게 먹어 치웠다. 주먹밥이 맛있기도 했지만, 지난 밤부터 내리 굶어 무척 배가 고팠던 탓이었다.

서로 익숙해진 우리는 마치 한 일행처럼 이야기를 나누었다. 그러다가 깜박 잠이 들었다. 긴장이 풀어진데다, 한꺼번에 주먹밥을 두 개나 먹어 치우는 바람에 식곤증이 쏟아졌던 것이다.

얼마나 잤을까. 나는 해군 장교의 손을 꼭 잡은 채, 몇 번이고 고맙다는 말을 되풀이했다. 해군 장교도 내 손을 꼭 잡은 채, 인연이 있으면 우리 또 만나자는 말을 몇 번이나 했다.

잠시 후 기차가 서고, 해군 장교가 내렸다. 그는 내가 기차와 함께 다시 멀어질 때까지, 플랫폼에 서서 손을 흔들고 있었다. 정말 아쉬운 작별이었다. 내가 만난 일본인 중에서 나를 가장 인간적이고 따뜻하게 대해 주었다. 일본인 가운데도 이런 사람이 있구나 하는 생각을 갖게 만들어 준 사람이었다.

매형이 있는 우라사키 조선소에 도착한 것은 저녁 무렵이었다.

45

우라사키 조선소는 규모가 어머어마했다. 골리앗 같은 군함들이 바다를 가득 메우고 있었고, 총으로 무장한 군인들이 사방에서 삼엄한 경계를 펴고 있었다. 우라사키 조선소가 군함을 만들어내는 1급 군수 공장이었기 때문이다.

나는 떨리는 마음으로 조선소 정문으로 다가가서 보초를 서고 있는 군인에게 매형의 이름을 대고 면회를 신청했다.

경비병은 나의 행색을 찬찬히 살핀 후 어디서 왔느냐고 물었다. 나는 얼른 시모노세키에서 왔다고 대답했다. 고개를 끄덕인 경비병은 잠시 기다리라고 한 뒤 어디론가 전화를 했다. 그리고 얼마 후 험상궂게 생긴 40대 남자가 나타나 나를 데리고 조선소 안으로 들어갔다.

그 남자가 나를 데리고 간 곳은 합숙소 사무실이었다. 난롯 불을 피운 합숙소 사무실은 무척 따뜻했다. 난로 위에 주전자 물이 끓고 있었다. 내가 그것을 바라보고 있는 걸 눈치 챈 40대 남자는 컵을 내주며 따라 마시라고 했다. 뜨거운 오차였다.

오차를 한 컵을 비우고 나자 그 40대 남자는 험상궂게 생긴 첫 인상과는 달리 자상한 목소리로 나의 신상에 대해 묻기 시작했고, 내가 말하는 것을 모두 받아 적었다. 비밀을 취급하는 군수 공장이기 때문에 관례상 묻는 것이라 했다.

처음에 나는 시모노세키에서 왔다며 이리저리 둘러댔다. 그래도 그는 계속해서 꼬치꼬치 캐물었다. 나중에는 그가 하도 자상하고 따뜻하게 되묻는 바람에 그만 지금까지 탈출해 온 경위를 자세하게 털어놓고 말았다.

나중에 안 사실이지만 그는 합숙소 사감이었다. 그리고 나는 그때 그 사람의 유도심문에 보기 좋게 걸려든 것이었는데, 그때까지 나는 그것을 전혀 알아차리지 못했다. 질문을 마치고 난 사감은 오히려 내 등을 다독거려 주며, 어린 사람이 정말 고생이 많았겠다며 위로까지 해주었다.

매형과의 상봉은 밤 8시쯤 이루어졌다. 그제야 비로소 매형이 교대를 하고 나온 것이었다. 매형은 나를 보자 눈물부터 흘렸다. 네가 대체 어쩐 일이냐며 내 손목을 붙잡고 어린아이처럼 엉

엉 울었다. 매형은 내가 징용 온 사실을 전혀 모르고 있는 것 같았다. 그럴 법한 일이었다. 어린 내가 강제 징용을 당하리라곤 꿈에도 생각지 못했을 것이었다.

매형을 만나자 나도 반가운 마음에 눈물을 왈칵 쏟고 말았다. 그동안 어디에도 말하지 못한 서러움이 가족을 보자 폭발한 것이었다.

매형과 나는 그렇게 서로를 붙잡고 한참을 울었다. 다른 사람들도 우리 두 사람의 극적인 상봉을 보고 눈시울을 적시고 있었다.

실컷 울고 마음이 가라앉자 먼저 울음을 그친 매형은 내게 고향집 안부부터 물었다.

46

그러나 나도 고향집 소식을 알 턱이 없었다. 고향에서 끌려온 지 일 년여가 넘은 탓이었다. 오히려 내가 매형에게 고향집 소식을 물었다.

"매형, 혹시 누님에게서 편지 온 것 없습니까?"

"네 누님 편지 쓸 줄이나 아냐. 없다."

"매형, 사실은 나도 집을 떠나온 지 일 년이 넘었구만이라우. 매형이 징용 간 지 8개월 뒤에 나도 강제 징용 당했어라우. 사실

지금 도망쳐 오는 길입니다."

내 말을 들은 매형은 깜짝 놀랐다.

매형은 재빨리 나를 이끌고 합숙소 한쪽으로 가서는 속삭이듯 물었다.

"도대체 어찌된 셈이냐?"

나는 그동안의 자초지종을 얘기했다. 내 얘기를 듣는 동안 매형의 표정은 굳어 있었다. 그러나 내 얘기가 끝나자 매형은 어린 것이 얼마나 고생했느냐며 다시 소리 죽여 울었다. 매형의 눈물에 설움이 북받쳐 나도 오열했다.

내 얘기를 다 듣고 난 매형은 누구에게도 절대 도망 왔다는 말을 하지 말라고 내게 단단히 일렀다. 그렇게 단단히 못을 박는 매형 앞에서 나는 차마 사감에게 털어놓았다는 이야기를 할 수가 없었다.

매형은 나에게 저녁밥을 먹인 뒤 내무반으로 데리고 갔다.

우라사키 조선소의 징용 노무자들은 비교적 자유스럽게 생활하고 있었다. 그리고 밥도 비록 잡곡밥이기는 하지만 항상 (죽이 아닌) 마른 밥을 먹고 사는 것 같았다. 내무반도 미쓰비시 탄광에 비하면 훨씬 깨끗하고 따뜻했다. 그러나 무엇보다도 죽음 같은 땅꿀 속에서 일하지 않는 것이 가장 큰 행운인 것 같았다. 말하자면 우라사키 조선소는 미쓰비시 탄광에 비하면 천국과도 같은 곳이었다.

잠자리에 든 뒤 매형은 내일 한국인 집을 소개시켜 주겠다며 당분간 그곳에 머무르라고 했다.

　다음날 아침 매형은 나를 데리고 조선소 부근에 있는 한 한국인 집으로 갔다. 노무자들을 상대로 밥장사를 하는 함바집이었다.

　주인의 이름은 스에다末田 씨였다. 창씨개명을 한 한국인이었다. 매형은 그에게 나를 고향에서 온 처남이라고 소개시킨 뒤, 당분간 그곳에 좀 머물게 할 수 없겠느냐고 부탁했다. 스에다 씨는 쾌히 승낙하는 눈치였다. 그러나 나는 매형에게 며칠 동안만 더 매형과 함께 지내고 싶다고 했다. 사람들이 낯선데다 오랜만에 만난 매형과 금방 떨어지기가 싫었던 것이다.

　며칠 뒤부터 그 함바집에 가 있기로 하고 나는 매형과 함께 다시 조선소로 돌아왔다. 그리고 하루만 더 하루만 더 하다가 매형과 함께 10일 동안을 같이 지냈다.

　미쓰비시 탄광에서 사람이 온 것은 바로 그날 밤이었다. 내일은 꼭 그 함바집으로 가겠다고 매형과 단단히 약속한 뒤 잠자리에 막 누웠을 때였다.

차라리 죽여라!

47

합숙소 사감과 함께 내무반으로 들어서는 미쓰비시 탄광의 한국인 반장을 보자 나는 소스라치게 놀랐다. 어떻게 알고 찾아왔을까. 매형도 깜짝 놀라는 눈치였다.

나는 번개처럼 머리를 스쳐가는 것이 있었다. 매형을 찾아온 첫날, 합숙소 사무실에게 사감에게 털어놓았던 이야기였다. 그래 맞다. 그 사감이 밀고한 것이 분명했다. 나는 증오에 찬 눈빛으로 그 사감을 쏘아보았다. 그러나 그 사감은 나의 이글거리는 눈빛에도 아랑곳없이 빙그레 웃고 있었다. 한국인 반장도 따라서 빙긋 웃고 있었다.

잠시 후, 한국인 반장이 내 팔목을 꽉 붙잡았다. 그 순간 온몸에 전율이 흘렀다. 그리고 내 몸이 뻣뻣하게 굳어졌다고 생각하는 순간, 나는 왈칵 피기침을 토해냈다. 나의 두 번째 탈출도 그렇게 허망하고 참담하게 실패로 끝나고 말았다.

그날 밤 나는 매형과 눈물의 작별을 했다. 그리고 다시 미쓰비시 탄광으로 영어(囹圄, 죄인을 가두어 두는 곳)의 몸이 되어 붙잡혀 갔다. 참혹한 시간이었다. 열차를 타고 가는 길에 몇 번이나 선로에 뛰어내려 자살이라도 하고 싶었지만, 한국인 반장은 그런 틈을 조금도 주지 않았다.

밤새 기차를 타고 달린 다음날 아침, 나는 그 지긋지긋한 미쓰비시 탄광으로 되돌아오고야 말았다. 죄수처럼 붙잡혀 온 나를 보고 동료들은 아무 말이 없었다. 그러나 그들의 묵묵한 표정 위엔 안타까운 기색이 역력했다.

그날 아침부터 나는 독방에 갇혀 맞기 시작했다. 악질 반장들의 몽둥이는 인정사정이 없었다. 코피가 터지고 갈비뼈가 부러지는 것 같았다.

"왜 도망쳤나?"

"짐승 같은 생활이 싫어서 도망쳤소."

"뭣이라고? 이 반동 같은 새끼야. 여기가 왜 짐승 같은 생활이냐?"

"인권도 없고, 자유도 없고, 밥도 제대로 주지 않고 일만 시키는 것이 짐승이 아니고 무엇이오."

"이 자식이 이유가 많아! 너 죽고 싶어서 환장했냐?"

"오냐. 죽고 싶어서 환장했다. 죽여라. 죽여!"

이판사판이라는 생각에 나는 고래고래 악다구니를 썼다. 그럴수록 반장들의 몽둥이는 더욱 신이 들렸다. 반장들은 몽둥이로 어디랄 것도 없이 마구잡이로 구타를 했고 내 몸뚱이에서는 피가 튀었다.

내가 혼절을 하면 반장들은 찬물을 끼얹고는 교대로 두들겨 패기를 반복했다.

그 다음날 아침까지 반장들의 몽둥이질은 계속됐다. 그리고 그때마다 나도 지지 않고 악다구니를 썼다. 노예처럼 굴종하고 사느니 차라리 그 자리에서 모든 것을 끝장내고 싶었다.

혼절했다가 깨어나 보니 일본인 감독이 몽둥이를 들고 서 있었다.

48

이번에는 감독 차례인가 보다 하고 어금니를 지긋이 깨문 채 맞을 태세를 취하고 있는데, 일본인 감독은 내 눈앞에 불쑥 몽둥이를 내밀었다. 그리고 그 몽둥이에 새겨져 있는 한자들을 읽어보라고 했다.

나는 영문을 알 수 없어 어리둥절했다.

내가 머뭇거리자 감독은 다시 내 눈 앞에 몽둥이를 내밀고는 글씨를 빨리 읽어보라고 재촉했다. 까닭도 모른 채 나는 몽둥이에 새겨진 글자를 읽어내려 갔다.

"지쿠젠 타자이후 오고시노 가미筑前太宰府大越之守."

뜻은 알 수 없었지만 내가 그 한자들을 모두 읽고 나자, 감독은 만면에 미소를 지으며 고개를 끄덕였다. 나중에 안 사실이지만, 몽둥이에 새겨진 한자는 구주 지쿠젠 지방의 임금 아니면 장군 이름이었다. 그리고 일본인 감독이 내게 몽둥이의 글자를 읽어보라고 한 것은 내 보퉁이 때문이었다. 내가 탈출할 때 가지고 갔던 보퉁이 속에는 고향에서 가지고 간 한복 한 벌과 내가 평소에 즐겨 읽던 일본 소설책 두 권이 들어 있었다. 일본인 감독이 내 보퉁이를 끌러보고는 그 속에서 일본 소설책이 나오자 나를 시험해보았던 것이다.

아무튼 천운이랄까. 그 이후로 내게 구타는 없었다. 어찌된 셈인지 그 감독은 반장들에게 나를 더는 때리지 말라고 단단히 일렀던 것이다. 그리고 그는 나에게 경어마저 썼다.

"이 선생, 다시는 도망갈 생각 마시오. 조국(일본) 소설까지 읽은 사람이 조국을 배신해야 되겠소."

아무튼 그 몽둥이의 한자와 일본 소설책 덕분에 더 이상 두들겨 맞는 것은 면했지만, 밥은 주지 않았다. 그로부터 3일 동안 나는 독방에 갇힌 채 물 한 모금 마시지 못했다.

밖을 내다보니 눈발이 나부끼고 있었다. 이른 새벽이었다.

살며시 출입문을 밀자 문이 열렸다. 기진맥진해 누워 있는 나를 보고 반장들이 문을 잠그지 않고 돌아간 모양이었다.

눈을 맞으니 온몸이 시원했다. 신열이 펄펄 끓고 있었던 탓이다. 그런데 그 순간, 나는 또 다시 탈출 충동에 사로잡히고 말았다.

나는 얼른 주위를 둘러보았다. 적막했다. 날씨 탓인지 셰퍼드 떼는 어디에도 보이지 않았다.

재빨리 나는 철조망가로 달려갔다. 그리고 정신없이 3일 동안 물 한 모금 마시지 못해 헌짚신짝처럼 풀어진 몸이었지만, 산송장이나 다름없었던 나의 육신 어디에 그런 힘이 숨어 있었던지, 지금 생각해도 나의 세 번째 탈출 시도는 정말 불가사의한, 기적 같은 일이었다.

49

아무튼 불가사의한 힘으로 철조망을 타 넘은 나는, 예전의 그 탈출로를 향해 번개같이 튀었다. 계곡을 지나고 능선을 넘고 산봉우리를 넘어 달리고 달렸다.

정신없이 산을 내려오다 칡넝쿨에 걸려 넘어져 무릎이 깨졌다. 그러나 하나도 아프지 않았다. 그 칡넝쿨을 보자 오히려 허기가 느껴졌다. 그제야 비로소 배가 고팠던 것이다.

맨손으로 나는 칡뿌리를 캐기 시작했다. 땅은 꽁꽁 얼어 있었다. 그러나 나는 맨손가락으로 언 땅을 미친 듯이 파헤쳤다. 손톱 밑에서 피가 배어 나왔다. 이윽고 칡뿌리를 캤을 때는 내 손가락은 모두 짓뭉개져 있었다.

그러나 아픈 줄도 모르고 칡뿌리를 먹기 시작했다. 밥 칡이었다. 밥 칡은 이밥보다도 더 맛있고 보드라웠다.

배고픔과 갈증을 달래준 칡뿌리를 씹으며 나는 계속 걸었다. 얼마쯤 걸어가고 있는데 뒤쪽에서 자전거 풍경 소리가 들려왔다. 뒤돌아 보니 한 양복쟁이가 자전거를 탄 채 뒤따라오고 있었다. 도망치듯 나는 걸음을 빨리했다. 그러나 양복쟁이는 계속해서 내 뒤를 따랐다. 내 행색이 퍽 수상쩍었던 모양이었다.

이러다가는 내 정체가 금방 탄로날 것만 같았다. 나는 잽싸게 논둑길로 내려섰다. 그리고 바지춤을 끌러 내리고, 용변 보는 시늉을 했다. 양복쟁이도 멈춰 서서 나를 지켜보고 있었다. 안 되겠다 싶어 나는 더욱 크게 오만상을 찌푸리며, 끙끙거렸다. 한참을 그렇게 하고 있자 양복쟁이는 비로소 "에이 시시하다"라며 자전거를 타고 가 버렸다.

양복쟁이가 멀어지는 것을 기다렸다가 나는 바지춤을 걷어 올렸다. 그 새 엉덩이가 얼어붙었는지 사타구니 언저리에 감각이 없었다.

예전의 도로를 따라 나는 다시 걷기 시작했다. 정오쯤 되었을 때였다. 뒤에서 갑자기 말 울음소리가 들리더니 주인도 없는 짐마차 한 대가 쏜살같이 내 옆을 스치고 지나갔다. 그러더니 얼마 안 가 도로 옆 물고랑으로 벌렁 넘어졌다. 커다란 말이 네 발을 하늘로 치켜든 채 발버둥쳤다. 나는 재빨리 쫓아가 말안장을 풀었다. 그리고 도로 한가운데로 그 말을 끌고 나왔다. 말은 살았다는 듯이 두 눈을 연신 껌뻑이며 울어댔다.

잠시 후, 60대의 노인이 허겁지겁 달려왔다. 그리고 넘어진 짐마차와 말을 번갈아 보더니 나에게 몇 번이고 고맙다는 인사를 했다. 노인과 함께 나는 물고랑에서 짐마차를 끌어올렸다. 발정이 난 말이 노인을 뿌리치고 달리다 일으킨 사고였다.

짐마차에 다시 말을 맨 노인은 나에게 어디까지 가느냐고 물었다. 나는 집도 절도 없이 그냥 정처없이 걷는 나그네라고 대답했다. 그 말을 들은 노인은 또 한 번 고맙다는 인사를 한 뒤, 노자路資에 보태 쓰라며 돈을 조금 주었다. 비상금을 다 빼앗긴 탓에 무일푼 거지 신세였던 나는 지옥에서 부처님이라도 만난 기분이었다.

50

노인과 작별한 뒤 얼마나 더 걷자, 비로소 이토다역絲田驛이 나타났다. 다시 보는 이토다역이 무척 반가웠다. 새삼스럽게 눈시울마저 뜨거워졌다.

눈발은 계속 날리고 있었다. 열차표를 끊기 전에 우선 식당부터 찾았다. 너무 배가 고파 금방 쓰러질 것 같았기 때문이었다. 식당은 역사 앞에 바로 있었다. 허름하고 꾀죄죄하고 메뉴라고는 콩 음식 한 가지뿐인 간이 식당이었다. 두부 찌꺼기처럼 생긴 콩밥에서 비릿한 냄새가 났지만, 맛있게 먹어치웠다. 4일 만에 처음으로 곡기를 맛본 탓이었다.

이윽고 나는 역으로 갔다. 역에 들어서자마자 매표 창구에 앉아 있던 그 아가씨가 단박에 나를 알아보았다. 그리고 반갑게 인사를 했다.

"어머 선생님, 벌써 다녀오셨어요?"

생글거리며 묻는 그 아가씨의 인사말에 잠시 기분이 좋아졌다. 나는 급한 볼 일이 있어 며칠 전에 돌아왔다며, 다시 우라사키에 가는 길이라고 했다. 아가씨는 계속 생글거리며 열차표를 끊어 주었다.

긴 여행 끝에 다시 우라사키로 되돌아온 나는 이번엔 매형을 찾지 않고 곧장 스에다 씨 집으로 갔다. 때마침 집에 있던 스에다 씨는 나를 반갑게 맞아주었다. 그리고 어떻게 다시 왔느냐고 물었다. 그새 내가 잡혀간 소문을 들었던 모양이다. 나는 자초지종을 얘기했다. 내 말을 다 듣고 난 스에다 씨는 매형에게는 자신이 연락해 주겠다며 며칠 동안 골방에 꼼짝 말고 숨어 있으라고 했다.

앞서도 얘기했지만 스에다 씨는 창씨개명한 한국인이었다. 그리고 우리사키에 징용 온 노무자들을 상대로 함바집(현장식당)을 운영하며, 관급 공사를 도급받고 있었다.

이튿날 밤에 매형이 조심스럽게 찾아왔다. 스에다 씨가 몰래 소식을 전해주었다고 했다. 매형과 나는 골방에서 울음을 그칠

줄 몰랐다.

일주일 동안 나는 골방에 숨어 지내며 먹고 잠만 잤다. 그동안 매형은 서너 차례 찾아왔다. 그리고 그때마다 매형은 쇠고기와 생선 등을 구해 와 나에게 먹였다. 부지런히 먹고 어서 원기를 회복하라고 했다.

일주일이 지나자 스에다 씨는 나를 골방에서 나오게 했다. 그리고 이젠 됐으니 돌아다녀도 괜찮다고 했다. 자신이 손을 썼다는 것이었다.

그날부터 나는 스에다 씨의 함바집에서 잔심부름을 했다. 주로 식당 청소와 밥 나르는 일이었다. 석 달 가까이 그 일을 했다.

그렇게 지내는 사이 또 해가 바뀌고, 봄이 왔다. 나도 예전의 건강을 거의 되찾았다.

1945년 3월 어느 날, 스에다 씨는 내게 공사장에서 일해 볼 생각이 없느냐고 했다. 임금도 많이 주겠다고 했다.

귀향

51

스에다 씨는 그때 기타큐슈北九州 지방의 방공호 공사를 도급 맡고 있었다. 태평양전쟁에서의 전황이 차츰 불리하게 돌아가는 데다, 미군의 공습이 본토에까지 잦아지자 일본은 장기전을 도모할 생각으로 전국 각지에 방공호 공사를 서둘렀던 것이다.

그 가운데서도 기타큐슈는 군수 지방인 탓에 미군의 공습이 훨씬 잦았다. 그 때문에 스에다 씨는 일본 정부로부터 방공호 공사를 빨리 끝내라는 독촉을 받았고, 스에다 씨는 한 사람이라도 더 많은 노무자가 필요했던 것이다.

스에다 씨의 말을 들은 나는 곰곰이 생각에 잠겼다. 언젠가는 전쟁이 끝나고, 나도 고향에 돌아갈 것이다. 그러면 그때 빈손으로 돌아가는 것보다는 작은 사업 밑천이라도 마련해가는 것이 좋지 않겠는가. 그래, 좋다. 기왕지사 여기까지 온 김에 벌 수만 있다면 많은 돈을 벌어보자.

노동이라면 지긋지긋했지만 나는 스에다 씨의 말을 따르기로 했다.

이튿날부터 나는 스에다 씨를 따라 공사장에 나갔다. 스에다 씨 집에는 나 외에도 공사장 인부가 많았다. 징용으로 끌려온 나의 경우와는 달리, 대부분은 가족의 생계 때문에 어쩔 수 없이 건너 온 노무자들이었다.

방공호 파는 일은 여간 힘들지 않았다. 그러나 미쓰비시 탄광 일에 비하면 누워서 식은 죽 먹기였다.

노임은 일주일마다 한 번씩 계산해 주었다. 스에다 씨는 함바집에서 일할 때보다 훨씬 많은 돈을 주었다. 나는 그때마다 매형에게 돈을 맡겼다. 가지고 있으면 쓸데없는 일로 돈을 낭비할 것 같았기 때문이었다.

한 주일 한 주일 돈이 모아지는 재미로 즐거웠고, 그래서인지 노동도 보람이 있었다. 때문에 나는 누구보다도 열심히 스에다 씨를 도왔고, 그의 말을 들었다.

일하는 틈틈이 나는 노무자들의 편지를 많이 써 주었다. 주로 고향의 부모님이나 처자식에게 보내는 안부 편지였다. 그 중에서도 특히 잊을 수 없는 것은 경상도 아주머니의 편지를 써준 일이었다.

스에다 씨 함바집에는 경상도 의성에서 온 젊은 아주머니 한 분이 있었다. 스에다 씨의 먼 친척뻘 되는 사람으로, 주방 일을 맡은 아주머니였다.

아주머니는 가끔 내게 누룽지를 가져다 주었는데, 고향에 나 같은 남동생이 있다며, 내가 꼭 자신의 친동생 같다고 했다.

그녀의 남편은 스에다 씨 공사장에서 서기를 보았고, 그녀는 몇 년 전 한국에서 결혼한 뒤 남편과 함께 스에다 씨를 따라왔다고 했다.

그러던 어느 날, 아주머니가 나에게 편지를 써달라고 했다. 부모, 형제가 그리웠지만 여태까지 소식 한번 전하지 못하고 지냈다는 것이었다.

52

아주머니가 불러주는 내용을 나는 편지로 옮겨 썼다. 그러다가 그만 나도 모르게 울어버렸다. 그녀가 불러주는 편지 내용이 하도 구슬퍼서 나도 모르게 그만 눈물이 쏟아져버린 것이었다. 구구절절 부모, 형제를 그리워하는 그녀의 마음은 바로 내 마음이었기에, 그날 아주머니와 나는 함께 얼마나 울었던가.

스에다 씨를 따라 방공호 공사장에 나간 지도 어느덧 두 달이 되었다. 1945년 5월 중순이었다. 그날도 나는 방공호 공사장에서 다른 노무자들과 함께 땅을 파고 있었다. 오전 10시쯤 되었을까. 갑자기 사이렌 소리가 요란하게 울렸다. 미군의 공습 경보를 알리는 소리였다.

흔히 듣던 사이렌 소리라 우리는 미처 피할 생각도 하지 않은 채 계속해서 방공호를 파고 있었다. 그런데 그날은 달랐다. 예닐곱 대의 미군 비행기가 하늘을 몇 바퀴 선회하더니 우박처럼 폭탄을 투하하기 시작했다. 미군의 공습 목표는 우라사키 조선소와 방공호 공사장인 것 같았다.

천지가 개벽할 것 같은 가공할 폭탄 세례는 주로 우리가 일하는 곳에 퍼부어졌다. 혼비백산한 우리는 일하던 방공호 공사장에 그대로 납작 엎드렸다.

미군의 공습은 20여 분 정도 계속되었고, 얼마나 지나자 사방이 쥐죽은 듯 고요해졌다. 그러나 우리는 밖으로 나갈 엄두도 내지 못한 채, 방공호 안에서 벌벌 떨고 있었다. 사람이 움직이면 또 공습을 해 올지 모를 일이었다.

한 시간쯤 지나자 스에다 씨가 우리를 불렀다. 미군이 물러 갔으니 모두 밖으로 나오라는 것이다. 방공호 바깥은 쑥대밭이 되어 있었다. 방공호 입구에는 해군 신병의 시체 서너 구가 피투성이가 된 채 널부러져 있었고, 우리가 두 달 가까이 공사를 해왔던 방공호는 뼈대만 남아 있었다. 그러나 다행히 노무자들의 피해는 거의 없었다. 몇 사람이 부상을 입었을 뿐, 죽은 사람은 없었다.

그 후부터 일주일에 두서너 번씩 공습이 있었다. 그리고 그때부터 스에다 씨의 방공호 공사도 중단되었다. 그 대신 우리들은 밤마다 광장에 모여 총검술 훈련을 받았다. 미군이 상륙하면

대창(죽창)으로 찔러 죽이는 연습이었다. 일본군 예비군 상등병
들이 교관을 맡았다.

그렇게 한 달쯤 지났을 때, 미군이 일본 본토에 곧 상륙한다
는 소문이 퍼졌다. 남양 방면南洋方面이 붕괴되고, 유황도(硫黃島,
Iwo Island. 서태평양상의 가산火山 열도에 있는 일본의 섬. 일명 이오지마)
에서 일본군 몇 개 사단이 전멸했다는 소문도 떠돌았다.

그리고 또 한 보름쯤 지났을 때, 나가사키에 무서운 폭탄이
떨어졌다고 했다. 사람이 재가 되어 죽고, 나무들도 모두 말라비
틀어져 죽었다고 했다. 핵폭탄이었다.

53

1945년 8월 15일.

이른 아침부터 일본인들끼리 뭐라고 수군대기에 가만히 들
어보니 천황이 그날 오전에 중대한 발표를 한다는 내용이었다.

정오가 되자 라디오에서 천황의 목소리가 흘러나왔다. 느릿
느릿한 목소리 때문에 천황이 무슨 말을 하고 있는지 나는 도무
지 이해할 수 없었지만, 일본이 패배한 것만은 틀림없었다.

꿈만 같았다. 어리둥절하기까지 했다. 천년 만년 이어질 것
같던 일본이 패망하고, 조국이 광복을 맞게 됐다는 사실이 도대
체 믿기지 않았던 것이다.

일본 헌병들이 말과 사이카를 타고 바쁘게 거리를 오갔다.

우라사키 조선소와 거리에는 한국인 노무자들만 보였다. 그 많던 군인들은 다 어디로 갔는지 아무도 보이지 않았다. 그나마 현장에 남아 있는 일본인들은 모두 기가 죽어 있었다.

한국인 노무자들은 이역의 하늘에서, 공장에서, 거리에서 미친 듯이 뛰어다녔다. 조국으로 돌아간다는 기쁨 때문이었고, 일제로부터의 해방 때문이었다. 벅찬 희망이고 감회였다.

그날 우리는 즉석에서 돈을 추렴해서 황소 한 마리를 잡았다. 조국이 해방됐으니 잔치를 벌이자고 누군가 제안한 것이었다.

그날부터 귀국하려는 동포들이 시모노세키 항으로 몰려들었다. 그러나 시모노세키 항은 일본군과 미군이 설치한 기뢰 때문에 배가 일체 떠날 수 없었다. 그래서 우리는 할 수 없이 규슈 후쿠오카 시내 하카타博多 항으로 향할 수밖에 없었다. 하카타 항 부두에 가 보니 만주와 한반도에서 돌아오는 일본인들, 그리고 조국을 향하는 한국인 노무자들로 인산인해를 이루었다.

나도 매형과 함께 귀국 준비를 서둘렀다. 그동안 내가 모은 돈은 모두 480원, 꽤 큰돈이었다. 그런데 좀처럼 배편을 구할 수가 없었다. 항구에 있는 거의 모든 배를 동원해도 귀국선을 타려는 사람들이 워낙 많아 배편 구하기가 하늘의 별 따기처럼 어려웠다.

하루 이틀 지내다 보니 해방을 맞은 지 한 달이 되었다. 그동안 돈을 까먹고 지낼 수만은 없어 매형과 나는 부두에서 하역부 일을 했다.

그러다 마침내 기회가 왔다. 매형과 함께 장흥에서 징용 왔던 한 노무자가 용케 배 한 척을 구했던 것이다. 범선에 발동기가 부착된 조그만 배였다. 승선비는 1인당 350엔씩이었다. 터무니없이 비싼 가격이었지만, 매형과 나는 한시바삐 고향으로 돌아갈 생각으로 망설일 것 없이 계약금을 지불했다.

출항 날짜는 9월 28일로 잡혔다. 그 며칠 동안 나는 무던히도 잠을 설쳤다. 강제로 고향을 떠나온 지 2년 만에 비로소 고향으로 되돌아간다는 설레임과 흥분 때문이었다.

마침내 9월 28일이 되었다. 출항시간은 오후 3시. 나는 그동안 정들었던 사람들과 작별했다. 나를 친동생처럼 생각해 주었던 경상도 의성 아주머니가 제일 아쉬워했다.

54

의성 아주머니는 작별 인사로 쌀 한 말을 자루에 담아 주었다. 우리말 우리 글씨를 배운다고 나를 열심히 쫓아다녔던 스에다 씨의 딸 스에다 기미코末田君子는 눈물까지 글썽이며 작별을 서러워했다. 이마리伊万里 여학교 3학년생인 기미코는 그동안 나와 깊은 정이 들었다.

출항 시간이 가까워지자 스에다 씨 일가족은 부두까지 나와 나를 전송해주었다. 딸이 서럽게 우는 것을 보고 스에다 씨 일가족은 내게 돌아가지 말고 여기서 함께 사는 것이 어떻겠느냐고 슬쩍 권유하기도 했다.

귀국 노무자들로 꽉 들어찬 배는 콩나물시루와 다름없었다.

이윽고 오후 3시가 지났을 무렵, 웬일인지 배는 출항할 기미를 전혀 보이지 않았다. 성질 급한 노무자 몇 명이 선장실로 뛰쳐갔다. 노무자들의 항의를 받은 선장은 바람이 이상하다며 출항 여부를 검토 중이라고 했다. 아니나 다를까, 출항 시간이 가까워지면서부터 부두에는 어느새 비가 한두 가닥씩 흩뿌리고 있었던 것이다.

그러나 마음이 바쁜 우리들에게 그것은 이유가 될 수 없었다. 우리들은 아우성을 쳤다.

"왜 출발하지 않느냐?"

"빨리 가자."

"때려 죽이겠다."

흥분한 노무자들은 점점 살기가 등등해졌다. 그 위협적인 기세에 눌린 탓인지 얼마 후 선장은 배를 출발시켰다. 어느덧 석양빛이 물들기 시작했다.

부두를 빠져나온 배는 미끄러지듯 바다를 갈랐다. 배에 올라 있던 사람들은 모두 환성을 질렀다. 드디어 귀국이다!

넓은 바다로 나오자 풍랑이 점점 거칠어졌다. 그러다 갑자기 산더미 같은 파도와 함께 거센 비바람이 몰아쳤다. 그때까지만 해도 귀국의 설레임에 들떠있던 우리들은 갑자기 불어 닥친 비바람을 보자 긴장하기 시작했다. 거대한 파도가 뱃전을 때릴 때마다 배는 가랑잎처럼 흔들리고 방향을 잃었다.

벌써부터 우는 사람도 있었다. 광복된 조국을 눈앞에 두고 물귀신 밥이 되는가 보다며 통곡하는 사람도 있었다. 나 역시도 수장水葬되지나 않을까 걱정이 되었다.

비에 흠뻑 젖어 갑판을 뛰어다니던 선장이 크게 외쳤다.

"승객 여러분, 지금 상태로는 도저히 항해가 불가능합니다. 피항避航을 해야겠습니다. 저를 믿고 승객 여러분께서는 절대 우왕좌왕하지 마십시오."

악을 쓴 선장은 기관장과 함께 선수를 돌리기 위해 안간힘을 썼다. 피항지는 이키壹岐 섬이었다.

가랑잎처럼 흔들리며 비바람을 견디던 중 어느 순간 순식간에 바다가 잔잔해졌다. 안방 같은 바다였다. 마치 언제 그토록 사납고 거친 적이 있었느냐는 듯이, 마술 같은 바다였다.

55

이키 섬 항구에는 우리보다 먼저 피항해 온 배들이 많았다. 대부분 어선들이었다.

우리가 탄 배는 부두에 정박시킨 채 그날 밤은 선상에서 지

샜다. 그리고 이튿날 아침 섬에 상륙했다. 계절풍이 시작됐기 때문에 한동안 항해할 수 없다는 선장의 간곡한 요청 때문이었다.

섬 주민들은 처음에는 우리들의 체류를 완강히 거절했다. 조선에서 날마다 일본인들의 옷을 벗겨 쫓아내고 있는데, 자신들이 어떻게 조선인들을 도와줄 수 있겠느냐고 했다.

우리는 기가 막혔지만 그들을 설득할 수밖에 없었다.

"당신들의 경우와 우리는 다르다. 당신들은 우리나라를 강제로 점령했고, 이곳에 있는 우리들은 당신네들의 나라에 강제로 끌려온 사람들이다. 그리고 당신들의 전쟁을 승리로 이끌어주기 위해 목숨을 바쳐 일한 사람들이다. 때문에 당신들은 우리들을 도와 줄 의무가 있다."

협박 반 설득 반으로 그들과 교섭을 벌인 끝에 그들은 마침

내 체류를 허락했다.

우리들은 한 집에 다섯 명씩 짝을 지어 유숙(留宿, 남의 집에서 묵음)하기로 했다.

내가 머물게 된 집은 2층이었다. 나는 여장을 푼 뒤, 나와 같이 유숙하기로 한 일행들에게 쌀을 두 되씩 나누어 주었다. 스에다 씨 집에서 작별 선물로 준 쌀이었다.

섬사람들은 하늘에 뜬 파란 구름을 보고 '바람의 눈'이라고 했다. 그리고 그것이 완전히 사라져야만 다시 항해할 수 있다고 했다. 그러려면 한 열흘 걸린다고 했다.

그러나 우리들은 그 말을 도대체 믿을 수가 없었다. 하늘이 멀쩡한데다 바람도 거의 없었기 때문이었다. 우리들은 선장과 섬사람들이 짜고 우리를 속이고 있다고 생각했다.

닷새째 되는 날, 우리는 선장에게 다시 출항할 것을 요구했다. 아직은 안 된다고 강력히 반발하는 선장을 우리는 죽이겠다고 협박했다. 하는 수 없다는 듯 그날 오후 선장은 마침내 배를 출발시켰다.

우리가 다시 태풍을 만난 것은 그날 밤이었다. 대마해협対馬海峡을 지날 무렵, 갑자기 심한 비바람과 함께 거대한 파도더미가 산을 이루었다.

우리가 탄 배는 나뭇잎처럼 떠밀리기 시작했다. 그러기를 하루 밤낮, 우리는 기진맥진해 있었고, 우리 목숨은 바람 앞의 등불이었다.

그런데 기적이 일어났다. 하루 밤낮을 표류하던 배는 어느 순간 조용한 바다 위에 떠 있었다. 파도에 밀리고 밀리던 배는 대마도까지 떠밀려왔던 것이다. 낙담에 빠져 있던 사람들이 '와~' 하고 함성을 질렀다.

우리는 대마도에서 다시 닷새를 보냈다. 이키 섬에서처럼 한 집에 다섯 명씩 합숙을 했다.

56

우리나라와 가까워서인지 대마도에는 한국 사람들이 꽤 많이 살고 있었다. 그중에는 대한제국 말기에 이주해 온 사람들도 있었다. 그래서인지는 몰라도 대마도 방언 가운데는 한국말과 비슷한 것이 많았다. 전라도 사투리 비슷하게 "그랬소까냐"하는 말들이 그 대표적인 예였다.

대마도에는 토굴도 많았다. 남양 전선에서와 마찬가지로 일본군들이 결사 항전을 위해 파놓은 굴이라고 했다. 또 '한 치의 황토도 기경起耕하라'는 푯말이 여기저기서 눈에 띄었다. 이제는 조선으로부터 완전히 환원되었으니 좁은 '황국토皇國土'를 조금이라도 더 넓히자는 표어라고 했다.

그동안 타고 왔던 배가 만신창이가 됐기 때문에 우리는 대마도에서 새 배를 구입했다. 닷새 후, 배는 다시 대마도를 출발했다. 새 선장은 계절풍이 끝났으니 이젠 출항해도 된다고 자신했다.

하룻밤을 달리고 나자 멀리 항구가 보이기 시작했다. 꿈에도 그리던 조국, 부산항이었다.

부두에 내리자 여기저기 코 큰 사람들이 눈에 띄었다. 미군이라고 했다. 서양 사람을 처음 본 나는 그들이 신기하기도 했지만, 일본이 바로 저 사람들과 싸웠구나 하는 생각에 자꾸만 뒤돌아 보고는 했다.

열차를 탄 나는 대구를 거쳐 대전까지 갔다. 호남선을 타기 위해서였다.

가는 곳마다 환영 인파들이 태극기를 들고 서 있었다. 부인회 완장을 찬 아낙네들이 주먹밥을 나누어주고, 대한민국 만세를 불렀다. 그럴 때마다 내 눈시울은 뜨거워졌다. 광복된 조국 땅에 비로소 살아 돌아왔다는 실감이 났다.

다음날 아침, 나는 드디어 영산포역에 도착했다. 2년 전 이맘때 눈물로 떠나갔던 영산포역은 변함없이 그대로였다.

꿈에도 그리던 월출산은 말없이 나를 반겨주었다. 이 감격스러운 해후에 무슨 말이 필요하랴.

사립문을 들어서는 나를 보자 할머니는 맨발로 뛰쳐나와 우셨다. 어머니는 돌아오지 않는 아들을 위해 점을 보러 가고 안 계셨다.

생각만 해도 치가 떨리는 2년간의 징용 생활이었다. 그로부터 40여 년이 지난 지금껏 나는 한 번도 월출산 그늘을 떠난 적이 없다. 그 옛날 미쓰비시 탄광에서 월출산 산신령님께 굳게 맹세했기 때문이다.

그리고 내가 지금까지 33년 동안 초라하게 지켜온, 비록 시골 초등학교 교단이지만, 나는 내 아이들에게 늘 말해 주고는 한다.

"얘들아! 이 조국은 너희들의 것이다."

삼가 죽어간 동료들의 명복을 빈다.

수기를 마치며

얼마 전의 일이다. 가이후 일본 수상의 방한을 전후해 신문에 난 기사를 보고 나는 깜짝 놀랐다. 여수의 어느 초등학교 어린이들이 일본으로 수학여행을 갔다 온 뒤, 일본 어린이들로부터 일본 노래를 배워 와 학교와 가정에서 부르고 있다는 내용이었다.

그 기사를 읽은 나는 경악을 금치 못했다. 우리들은 벌써 일제 36년의 치욕적인 역사를 잊었단 말인가. 우리 어린이들이 벌써 아무런 저항감도 없이, 그것도 자랑스럽게 일본 노래를 불러도 된다는 말인가. 정말 소름끼치는 일이었다.

일제 36년의 상처는 아직도 우리 현대사에 생생한 오욕으로 남아있다. 그 깊은 상처는 정치, 경제, 사회, 문화 모든 곳에서 아직도 옹이가 뽑히지 못한 채, 우리들의 가슴을 아프게 하고 있다.

물론, 우리나라 어린이들이 지금 일본 노래를 불러서는 안 된다는 법은 없다. 그 아이들이 벌서 일본말을 할 줄 안다는 것은 이 나라의 장래를 위해 퍽 고무적인 일일 수도 있다. 그러나 최소한 일본이 어떤 나라이고, 우리나라와의 관계는 어떻게 정립되어 있는가를 정확히 깨우친 연후에 불러도 늦지 않겠는가 말이다.

일제치하 태평양전쟁에 강제동원 돼, 수십만의 한국인들이 희생되었다. 강제징용 수기를 쓰는 동안, 나는 줄곧 가슴이 사무쳤다. 못다 한 이야기, 아직도 밝힐 수 없는 이야기도 많았지만, 그래도 나는 그때의 일을 우리 현대사 앞에 생생히 증언하고 고발하려고 노력했다. 아무쪼록 징용으로 현해탄을 건너야 했던 이 수기가 단순히 개인적 체험으로 그치지 않고, 한 세대의 기록이자 은폐되어서는 안 될 역사의 한 부분이 되기를 감히 바라본다.

일본은 우리의 영원한 죄인이다. 아직도 계속되고 있는 재일 한국인들에 대한 차별과 모욕, 그리고 한편으로 우리 사회에 만연해있는 일제 식민잔재를 보면서 "역사로부터 배우지 못하는 민족은 멸망한다"는 말을 하루에도 몇 번씩 되새겨보게 된다.

우리는 임진왜란으로부터 시작된 일제의 강점과 만행의 역사를 결코 잊지 말아야 한다. 그것은 단지 증오와 분노 때문이 아니다.

일본이 정말로 우리 민족 앞에 겸허하고 진솔하게 참회하고 나섰을 때, 일본과 우리는 태평양시대의 진정한 동반자가 될 수 있기 때문이다.

다시 한 번 그때 원통하게 죽어간 내 동료, 내 동포들의 명복을 빈다.

1991년 1월, 이상업

(이상업 어르신의 건강이 좋지 않아, 1991년 1월 『전남일보』에 수기 연재를 마치며 남긴 말씀으로 대신합니다.)

자료

그림 자료

이상업 어르신이 미쓰비시 탄광에서의 작업 환경을 떠올리며 2007년 가을 직접 연필로 그린 삽화 네 점

탄차 탈선 교정중

다이나 마이트 폭발.

지하 굴
항내에서
화장실 쥐가 살고
있었다

사진 자료

일제 강제 징용 수기 저자 이상업 · 박찬요 부부(2016.6.23)

징용 수기 저자인 이상업 어르신(가운데)이 고통스러웠던 지난 날을 떠올리며
당시 상황을 설명하고 있는 모습

일본 큐슈 후쿠오카현 치쿠호筑豊 탄광에 강제 연행되어 혹사당하다 사망한 한국인 노동자의 품에서 나온 가족사진

(이하 사진 출처 : 독립기념관 한국독립운동사연구소 편, 『잃어버린 청춘 떠도는 영혼』)

일본 큐슈 후쿠오카 부근 치쿠호 탄광 한국인 노동자들에게 정신교육하는 광경

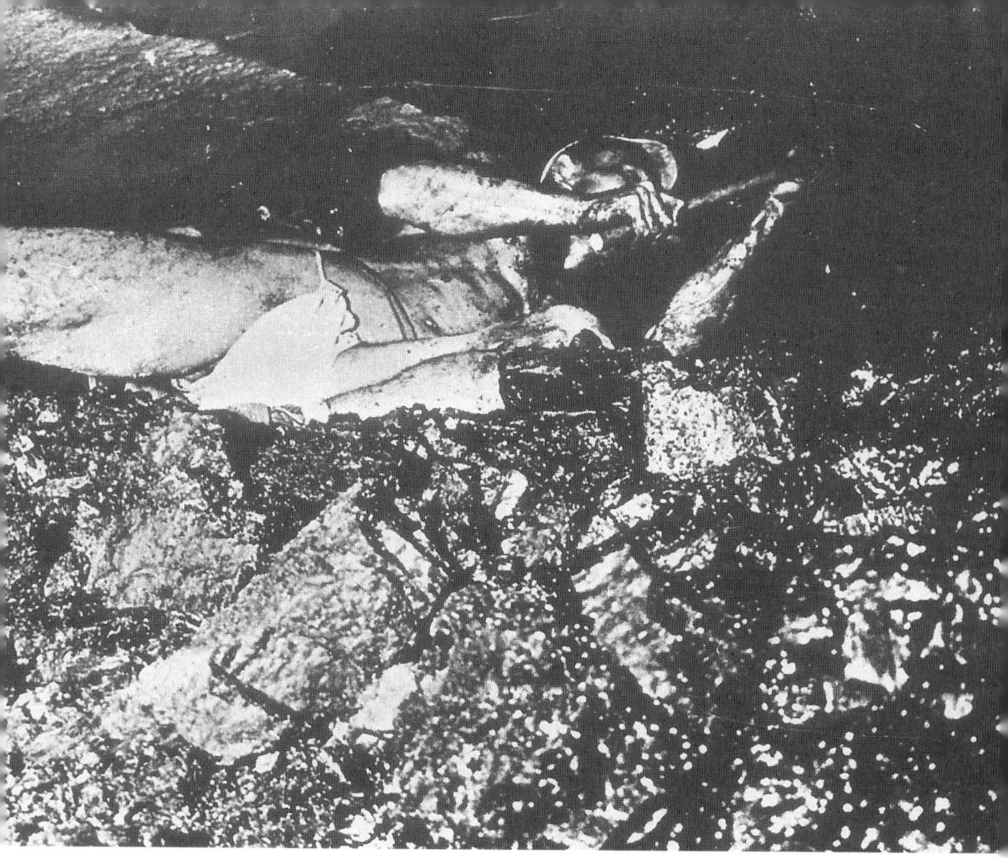

미츠이二 다가와田川 광업소에서 채탄 중인 한국인 광부.
이들은 허리조차 펼 수 없는 좁은 갱 안에서 보호 장구도 없이 온종일 혹사당했다.

치쿠호筑豊 탄광의 아리랑 고개

해방 소식을 듣고 고국으로 귀환하고자 센자키항(仙崎港)에 모여든 한국인들

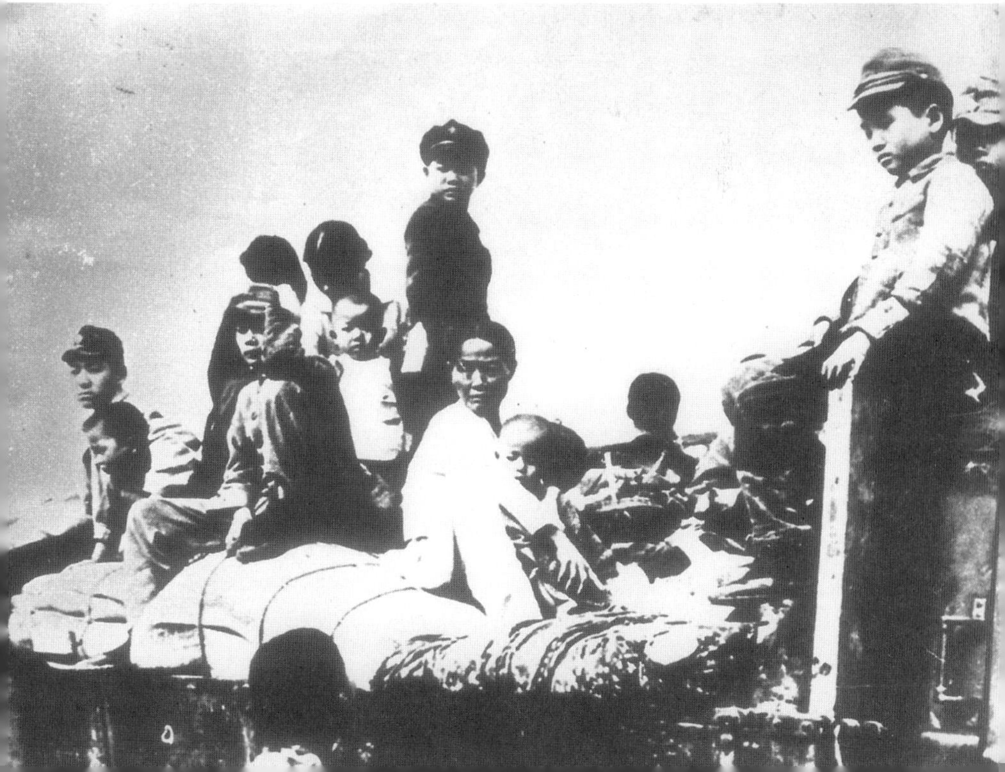

고국으로 귀환하기 위해 부두에서 초조하게 승선 차례를 기다리는 한국인 가족들